New Age – aus christlicher Sicht

Dezember 87

Caroline Rosenberg

Weltanschauungen im Gespräch
Band 1

Herausgegeben von
Otto Bischofberger, Oswald Eggenberger,
Carl-A. Keller, Joachim Müller

im Auftrag der
Oekumenischen Arbeitsgruppe
»Neue religiöse Bewegungen in der Schweiz«

New Age – aus christlicher Sicht

Beiträge von
Joachim Müller – Oswald Eggenberger –
Carl-A. Keller – Gerhard Voss – Johannes Mischo

Paulusverlag Freiburg, Schweiz
Theologischer Verlag, Zürich

CIP-Kurztitelaufnahme der Deutschen Bibliothek

New Age – aus christlicher Sicht / Beitr. von Joachim Müller ... – Freiburg (Schweiz): Paulusverlag; Zürich: Theologischer Verlag, 1987.
(Weltanschauung im Gespräch; Bd. 1)
ISBN 3-7228-0174-5 (Paulusverl.)
ISBN 3-290-10007-3 (Theol. Verl.)
NE: Müller, Joachim [Mitverf.]; GT

Umschlaggestaltung: Peter Kunz, Zürich
ISBN 3-7228-0174-5 (Paulusverlag)
ISBN 3-290-10007-3 (TVZ)

Inhalt

Auf dem Weg in ein neues Zeitalter

Joachim Müller

Das Bewußtsein einer globalen Krise ist eine der deutlichsten Wahrnehmungen der Gegenwart. Die Menschheit erfährt heute eine in ihrer Zukunft bedrohte Welt. Sinn- und Heilserwartungen werden immer mehr zu scheinbaren Leerformeln; der Optimismus des Fortschrittglaubens als wesentlicher Inhalt des säkular-neuzeitlichen Weltbildes ist in Frage gestellt. Technik, Wissenschaft und Rationalität scheinen angesichts der apokalyptischen Visionen, die Tschernobyl und Basel hervorriefen, an ihren Grenzen angelangt zu sein. Leistungs- und Sachlichkeitsprinzipien als Werte sind selbst für den an der Materie orientierten Menschen fraglich geworden.

Erleben wir gegenwärtig nur eine gesellschaftlich-kulturelle Steuerungskrise oder aber eine elementare Zielkrise? Findet gegenwärtig ein Paradigmenwechsel statt, in dem das bisher bestimmende, als gültig erachtete gesellschaftliche Verstehensmodell mit seinen geschichtlichen Bestimmungen und seinem Wissensstand in seiner Gültigkeit in Frage gestellt und durch ein neues, historisch-subkulturell gewachsenes Verstehensmuster abgelöst wird? Sind die Zukunftsentwürfe, die unter dem Begriff »New Age« verkündet werden, die Antworten auf die Fragen der Zukunft? Oder wird durch diese Lösungsangebote und Utopieentwürfe eine neue Weltanschauung geschaffen, die die Menschen in eine »sanfte Verblödung« (H. A. Pestalozzi) führt? Kündet sich durch die Lehren der Hauptvertreter Stanislav Grof, Fritjof Capra oder Marylyn Ferguson ein neuer »Retournons à la nature« an? Wendezeit – Apokalyptik oder New Age oder?

Die weltanschaulichen Entwürfe heutiger Apokalyptik wie auch des New Age und seine Zukunftsaussagen sind für die christlichen Kirchen eine Herausforderung zur Auseinandersetzung. In diesem Sinn sollen die folgenden Ausführungen zur New Age-Weltanschauung verstanden sein.

Apokalypse heute

Apokalyptik verkündet die Botschaft der Katastrophe, eines Weltuntergangs, eines Weltgerichts. Im Laufe der Menschheitsgeschichte sind immer wieder Epochen als Wendezeit, als apokalyptische Zeiten beurteilt worden. Als Auseinandersetzung zwischen Gott und gottesfeindlicher Macht (als »Satan« personifiziert) waren es früher in Judentum und Christentum vor allem biblische Überlegungen, die zu Endzeitgemeinden geführt haben.

Mit der Hoffnung auf die nahe bevorstehende Wiederkunft Jesu Christi und die endgültige Errichtung des Reiches Gottes, wie die christliche Botschaft sie nach dem Prophetenbuch des Daniel, bei Mt 24 und Mk 13 sowie der Johannes-Apokalypse verkündet, ist sie eine Botschaft des Trostes wie auch des Gerichts. Heute ist es vor allem aber – durch die Drohung eines totalen Krieges und der Angst vor der globalen Ökokatastrophe – die Vision, daß der Mensch die Möglichkeit hat, den Weltuntergang und seine Vernichtung selbst herbeizuführen. Die Nähe des Jahres 2000 führt dazu, die Weissagungen der apokalyptischen Texte heute wieder ernst zu nehmen und auf der Basis der gegenwärtigen Krisensituation neu zu interpretieren.

Traditionelle Sondergemeinschaften (Zeugen Jehovas, Adventisten) wie evangelikale Strömungen und neuentstehende Endzeitgemeinschaften (Heimholungswerk Christi, Familie der Liebe, Vereinigungskirche) verkünden apokalyptische Visionen. Sie fordern eine entschiedene Rückkehr zu Gott auf dem Weg der Buße und die endgültige Bekehrung zur »Außerwählten Gemeinde«. Furcht und Angst vor der Zukunft wie zunehmende Hoffnungslosigkeit werden immer mehr zum Nährboden von religiösen Botschaftern, die zum Teil Kapital daraus zu ziehen wissen.

New Age – Wende zu einem neuen Zeitalter?

Im Gegensatz zur Apokalyptik bietet die New Age-Bewegung einen optimistischeren Zukunftsentwurf an.

Auf dem Hintergrund eines Weltbildes, in dem Gott und Welt eins sind oder als allumfassenden Kosmos erklärt wird, wird ein Paradigmenwechsel verkündet. Unsere materielle Welt ist das Abbild einer anderen, höheren Wirklichkeit, der alles durchdringenden kosmischen Energie oder des kosmischen Bewußtseins. Ein neuer Mensch, aber auch eine neue Welt soll durch Transformation des Bewußtseins auf einer neuen Seinsstufe entstehen, der Evolutionssprung des Menschen zu seiner »Gottwerdung«, zum Schöpfer seiner selbst, steht nach Auffassung von New Age-Anhängern kurz bevor.

Das Selbstverständnis des New Age-Anhängers

Trotz einer ungeheueren Vielfalt von Strömungen in der New Age-Bewegung lassen sich mehrere gemeinsame Ideen feststellen:

– Der Glaube an die Macht des Bewußtseins

Bewußt ist nicht der, der individuell sich und seine Umwelt wahrnimmt, sondern der, der das individuelle Bewußtsein als Teil des allgemeinen kosmischen Bewußtseins entdeckt. Denn je mehr sich der Mensch als Teil des kosmischen Bewußtseins versteht, die kosmischen Schwingungen aufnimmt und in Einklang bringt, desto mehr kann sein Energiefeld im Einklang mit dem Kosmos schwingen und zur Harmonie werden.

– Eine ganzheitliche Weltsicht

Der Mensch muß sich als Teil jener kosmischen Einheit erfahren, die in das Weltganze einstrahlt. Als Fragment des kosmischen Bewußtseins muß er sich und seine Aufgabe in Hinsicht zum Ganzen neu entdecken. Dies wird durch die Transformation des Bewußtseins unter dem Gesichtspunkt einer evolutionären Entwicklung möglich.

– Der Glaube an die Evolution

Die New Age-Bewegung geht davon aus, daß der Mensch jetzt unmittelbar an der Schwelle zu einem wesentlichen Evolutionssprung steht; durch die Transformation seines Bewußtseins soll er zu einer neuen Seinsstufe gelangen. Hierbei wird das »Ich-Modell« der Gegenwart zum »Globalmodell« der Zukunft umgeformt; dies bedeutet, daß der Mensch sein »Ich« und den damit verbundenen Individualismus überwindet. Er trägt dazu bei, daß die Menschheit zu einem einzigen großen, geistig »synergetischen Organismus« (Ken Wilber) zusammenwächst.

Noch in dieser Generation soll der Mensch diesen Evolutionssprung machen. Tod und Wiedergeburt wie die Karmalehre sind wesentliche Bestandteile des Weltbildes des New Age. Positiv wird der Tod als Hineingehen in eine neue evolutionäre Stufe gedeutet. Somit führt der Tod nicht zum endgültigen Verlöschen; Erlösung in christlichem Sinne gibt es nicht; wichtig ist der neue Seinszustand, die Konzeption eines »supramentalen Übermenschen« (Sri Aurobino) in einem ganzheitlichen Weltsystem.

– Ein neues Gottes- und Religionsverständnis

In diesem Weltbild hat ein personales Gottesbild keinen Platz. Verkündet wird ein unpersonales, energetisches Gottesverständnis, gewonnen aus der Erkenntnis Gott und Welt, Gott und Mensch seien gleichen Ursprungs. Die Religionen werden als »Jenseits- und Weltfluchtreligionen« verstanden, die dem Menschen im Weg stehen, zur Selbstbestimmung und zur Versöhnung mit der Natur, mit dem Kosmos zu kommen.

Das neue Geschichtsbild des »Wassermann-Zeitalters«

»Nach einer Zeit des Zerfalls kommt die Wendezeit. Das starke Licht, das zuvor vertrieben war, tritt wieder ein. Es gibt Bewegung ... Es ist eine natürliche Bewegung, die sich von selbst ergibt. Darum ist die Umgestaltung des Alten auch ganz leicht. Altes wird abgeschafft, Neues eingeführt, beides entspricht der Zeit und bringt daher keinen Schaden« (I Ging).

Unter diesem Motto – von Fritjof Capra bei der Einleitung seines Buches »Wendezeit – Bausteine für ein neues Weltbild« zitiert, steht das vielschichtige Netz der New Age-Bewegung, welche die Ablösung des Fische-Zeitalters durch das Zeitalter des Wassermanns ankündet. Ein esoterisch-astrologisches Zeitverständnis, das auf zyklischem Zeitdenken aufbaut, steht dahinter. »Im Verlauf von 25868 Jahren durchläuft die gedankliche Erdachsenverlängerung einmal den ganzen Erdkreis, und diesen Verlauf nennt man im esoterischen Sprachgebrauch ein Weltenjahr oder ein Platonisches Jahr« (Leuenberger 18).

Die Weltmonate, die etwa 2000 Jahre betragen, sind nach diesem Verständnis durch besondere evolutionäre Entwicklungen der Menschheit geprägt:

- Das Zeitalter des Löwen als Zeitalter der Kreativität durch erste künstlerische Werke der Menschen (Höhlenmalerei).
- Das Zeitalter der Krebse durch die Besiedelung und durch den Ackerbau.
- Das Zeitalter der Zwillinge durch die Entstehung der Schriften.
- Das Zeitalter des Stieres durch die ägyptische und mesopotanische Hochkultur.
- Das Zeitalter des Widders durch die Entstehung der Grundlagen für unsere heutige geistige Kultur (die großen Heiligen Bücher der Menschheit entstehen; Hochkulturen).
- Das Zeitalter der Fische als Zeitalter des Christentums.

Für das beginnende Wassermann-Zeitalter wird »der Aufbruch in eine neue Menschlichkeit, in eine neue Humanität (erhofft), in der die Chance besteht, daß sich die Wissenschaft und das ganze geistige Potential mit einer Rückbesinnung und einer mehr oder weniger schmerzlichen Wachrüttelung verbinden, wo die Gelegenheit geschaffen wird, eine neue höhere Evolutions- und Bewußtseins-Stütze der Menschheit zu erringen.« (Leuenberger 21).

Dieses Zeitverständnis wurde bereits von der Theosophin Alice Bailey, die als eine der Vorläufer des New Age-Denkens angesehen werden kann, 1949 verkündet. Sie schrieb, daß die Menschheit bei ihrem Eintritt in das Wassermann-Zeitalter sich einer wahren »Einweihung« unterzieht. »Sie wird dann jenen Energien und Kraftströmen ausgesetzt sein, die die trennenden Schranken niederreißen und das Bewußtsein aller Menschen zu jener Einheit vermischen und verschmelzen wird, die für das Christusbewußtsein charakteristisch ist.« Doch ist sicherlich nicht sie alleine grundlegend für die gesamte Bewegung.

Wissenschaftler, Mystiker, Meditierende und Meditations-Gurus, Psychologen und Para-Psychologen, Okkultisten, Heiler, Therapeuten und Esoteriker rechnen sich zu dieser vielfältigen und vielschichtigen Bewegung. Die meisten haben sich mit veränderten Bewußtseins-Zuständen befaßt und versuchen durch ihre Überlegungen und Lehren innerhalb dieser neuen Bewegung einen Beitrag am Werden des neuen Menschen und einer neuen Welt zu leisten. Doch wichtiger als die Theoretiker wie Fritjof Capra und Stanislav Grof sind die Praktiker der Bewußtseins-Veränderung, die »Meister verschiedenster religiöser und spiritueller Traditionen«.

New Age-Spiritualität – ein spirituelles Eintopfgericht

»Spiritualität ist die ›Mystik‹ der Religionen« (Bruno Martin, Handbuch 13) – unter dieser Vorstellung sehen die Anhänger der New Age-Bewegung verschiedenste

Wege: Vom Schamaismus, Druidentum, hebräischer Kabbala und Gnosis, von christlicher Mystik über Rosenkreuzer, Anthroposophie, Feminismus und Hexenkult, Okkultismus und Magie zu islamischem Sufismus, hinduistischen wie buddhistischen Traditionen oder Taoismus und I Ging breiten sich Lehren aus, die dem Menschen helfen sollen, auf der Suche nach dem Sinn des Lebens und bei der Evolution des Bewußtseins ein Ziel anzustreben. Jeder Mensch soll wählen und seine eigene Wahrheit bei der Verwirklichung seiner Existenz finden. Neue Formen von Religiosität und Spiritualität sollen zur Erkenntnis einer Wahrheit führen, die alle institutionalisierten Religionen und spirituellen Lehren weit übersteigen soll, die den menschlichen Verstand einem umfassenderen geistig-globalen Bewußtsein zuordnet, »das Mehrdimensional in Raum und Zeit alles Sein und Wissen enthält und damit in dauerndem gegenseitigen Austausch steht« (Martin 7). Die Praktiker verschiedenster Spiritualitäts-Richtungen kommen hier zu Wort: Sufimeister wie Pir Vilayat Inayat Khan, Zen-Zeister wie der amerikanische Richard Baker, indianische Strömungen oder afrikanische Medizinmänner oder die »Gurus« moderner spiritueller Strömungen wie Gurdjieff, Krishnamurti oder Bhagwan Shree Rajneesh. Sie alle bieten verschiedenste Lösungen und Techniken an, die zur persönlichen Bewußtseinsveränderung führen. Dabei stehen sie im Ruf, besonderes Wissen und Einsichten zu haben wie über geheimnisvolle Kräfte zu verfügen, in die sie ihren Schüler- und Anhängerkreis einführen.

Eine vielschichtige Wanderbewegung der New Age-Anhänger – oft vergleichbar einem synkretisch-spirituellen Eintopfgericht – ist die Folge dieses Angebots auf dem Supermarkt der Spiritualität. Eine Wanderbewegung von besonderer Art wird von den Anhängern praktiziert: Hier versucht man ein wenig Yoga-Therapie, dort tanzt man wie ein Derwisch, experimentiert mit okkulten Anweisungen oder beschwört mit den Schamanen die Geister der Natur. Alles scheint machbar, ist interessant, verspricht besondere Kenntnisse zu vermitteln. Denn bei den Anhängern des New Age-Netzes wird experimentieren, teilnehmen, fragen groß geschrieben. Eine Befreiung, die alle festen Wände einreißt, wird angestrebt. Das »Gefängnis in Dogmen«, der Absolutheitsanspruch der Religionen wie spiritueller Lehrer angesichts einer so großen Vielfalt geistiger Strömungen und Informationen soll gesprengt werden. Der »Wettbewerb der Religionen und Lehren« um ihre »übergeordnete Stellung« soll abgelöst werden durch die je spezifische Erfahrung jedes einzelnen Menschen, teilzunehmen am umfassenden geistigen Bewußtsein, am Universum als Zentrum allen Wissens, das jedem Suchenden offen steht. Die Transformation der Gesellschaft durch die Transformation des Bewußtseins soll durch dieses alternative Spiritualitätsangebot erreicht werden. Dabei sind die verschiedensten aus Asien kommenden »Techniken« der Bewußtseinsveränderung, Yoga und Zen, Sufi-Tänze, schamanistische Techniken des Seelenreisens, taoistische Praktiken wie Tai Chi und Aikido meist verbunden mit Psychotechniken, wie sie in Encounter-Gruppen, reich'scher Körpertherapie, Psychosynthese, Bio-Feedback, Urschrei-Therapie, EST-Seminare usw. geübt werden.

Psychologie in der Wende

In der New Age-Bewegung verkünden auch Psychotherapeuten, vor allem der Human Potential Bewegung, neue Wege der Psychologie, die den Menschen aus Gewohnheiten und Erfahrungsmustern befreien sollen, die seine Humanität verkümmern lassen. Durch die »Transpersonale Psychologie« soll die Psychoanalyse, die Verhaltenspsychologie und die humanistische Psychologie als eine vierte Kraft ergänzt werden.

Sie soll den Menschen und dessen Erfahrungen so beschreiben, daß die von einem weit über die Sphäre der Individualität und Personalität hinausgehenden Identitätsgefühl mit dem Kosmischen Bewußtsein erfaßt wird. Gemeint ist damit eine Sicht, die den Menschen in einer umfassenden Einheit wahrnimmt und als Teil einer transpersonalen globalen Wirklichkeit versteht. Sie hat die Aufgabe, dem Menschen das Vertrauen in die Macht dieses Bewußtseins zu geben. Das bisherig erfahrene menschliche Bewußtsein muß deshalb transformiert, verändert werden.

Den Schlüssel dazu bietet eine der Grundthemen der New Age-Philosophie: Der Stoff des Universums ist Geiststoff. Alles, was ist, ist Bewußtsein; es gibt nichts anderes. Damit bestimmt das Bewußtsein das Sein, und diese Erkenntnis ist zumeist in der intuitiven und mystischen Erfahrung verwurzelt. Die Therapieangebote sollen deshalb dem Menschen verhelfen, zur Transpersonalisierung, d. h. von der Überwindung des »Ichs« zum wahren Kern des Menschseins befreit zu werden.

Ausgangspunkt für die Entwicklung der »Transpersonalen Psychologie« ist das 1962 von Michael Murphy und Richard Price in Big Sur, Kalifornien gegründete »Esalen-Zentrum«. Aus ihm sind viele Wortführer der New Age-Bewegung, wie etwa Fritjof Capra und Stanislav Grof hervorgegangen. Grof stellte 1984 in Brüssel das Projekt eines »Spiritual Emergency Network (SEN)« vor, in dem therapeutisch ausgebildete Begleitpersonen gespeichert werden sollen, die Menschen in psychischen Krisen auf der Grundlage der »Transpersonalen Psychologie« Beistand leisten können. Für Grof erscheinen z. B. außerordentliche Bewußtseinszustände, die »Uneingeweihte« als Psychose bezeichnen würden, als »transpersonale Erfahrungen«, die als »Selbsthilfe der Seele« erscheinen, um einen Heilungsprozeß zu bewirken. Diese können nur entsprechend ausgebildete Therapeuten erkennen.

»New Age-Bewegung« – eine Reaktion auf Defizite der Moderne?

Nachdem Wissenschaftsgläubigkeit und Fortschrittsglaube ernsthaft erschüttert wurden, ökologisches Denken sich zunehmend durchzusetzen beginnt und eine Veränderung des naturwissenschaftlichen Weltbildes mit sich bringt, wird immer deutlicher, daß wir sowohl geistig wie theologisch die Veränderungen der Postmoderne keineswegs aufgearbeitet haben. Doch so sehr die New Age-Bewegung Hoffnungen für die Zukunft und ihre Bewältigung zu wecken versteht, sieht die soziale Wirklichkeit um New Age-Zentren und Kongresse recht bescheiden aus. Deutlich wird dies im häufigen Wechsel von Moden, einer Wanderbewegung im lockeren Netzwerk des New Age, im organisierten do-it-yourself-Charakter der neuen Spiritualität und Religiosität im kommerziellen Gewand, auf sichtbare Werbeeffekte abgestellt.

Dennoch wird auch deutlich, daß die New Age-Bewegung Lebensräume, die ursprünglich der christliche Glaube ausgefüllt und an die moderne Säkularität verloren hat, heute zum Teil übernommen und mit ihren Ideen ausgefüllt hat. Ihre Interpretation fernöstlicher Mystik, der Ökologie und Selbsterfahrung sind attraktive Antwortversuche auf Defizite der modernen Gesellschaft; die Suche nach Geborgenheit, auch metaphysischer Geborgenheit, nach Ganzheit und Gemeinschaft ist gerade bei Anhängern der New Age-Wanderbewegung erfahrbar als Reaktionen auf die erlebte innere Heimatlosigkeit des postmodernen Menschen.

Eine Herausforderung an die Kirchen

Doch gerade hier wird auch die Herausforderung an die christlichen Kirchen spürbar. Die paulinische Regel »Löscht den Geist nicht aus ... prüft alles und behaltet das Gute« (1 Thess 5,19.21) kann dabei wie eine goldene Regel für die Auseinandersetzung mit dem New Age-Denken gelten. Auch wenn die Forderung nach der »Unterscheidung der Geister« wesentlich ist, dürfen nicht einfach Rolläden herabgelassen werden. Vielmehr gilt es, in einem Lernprozeß die Defizite und Fragen der Postmoderne aufzuspüren und gültige Antworten für heute und morgen zu suchen. Christen zur Glaubensidentität zu führen und sie hierin zu stärken wie ihnen die gute Botschaft Christi als frohmachenden, zukunftsschaffenden Weg für unsere Zeit zu erschließen ist Evangelisationsauftrag der Kirchen heute.

Dies gilt angesichts des New Age-Denkens vor allem für die Hinführung des Menschen vor das letzte Geheimnis seiner selbst und vor das Geheimnis Gottes, einer christlichen Mystagogie, die verkündet:

- das christliche Gottesbild vom liebenden Vater (angesichts eines namenlosen, allesumfassenden Kosmos)
- eine Schöpfungslehre, die den Menschen in seiner von Gott gewollten Freiheit und Andersheit verkündet (gegen alles undifferenzierte Identitätsdenken)
- eine Botschaft von Christus, die die Geschichtlichkeit und Einmaligkeit des biblischen Jesus Christus hervorstreicht (gegen die indisch beeinflußten Ansätze der Lehren, die Jesus auf eine Stufe mit vielen anderen stellen, die »in sich Gottesbewußtsein verwirklicht haben«)
- eine Lehre von der Welt als ganzes und von den »letzten Dingen«, die dem Menschen in seiner Ein-

maligkeit die Botschaft der von Gott geschenkten Erlösung durch Jesus Christus zusagt (gegen die verschiedenen Karma- und Reinkarnationsvorstellungen).

Es gilt die weisheitlichen Traditionen des Christentums, jene Zeugen unseres christlichen Glaubens wiederzuentdecken, fruchtbar zu machen und neu zu übersetzen. Auch muß es uns als Christen darum gehen, die Botschaft der Welt-, Menschen- und Gottesliebe zu erkennen, bei dem uns Gott in den Ärmsten, in Menschen, deren Existenz scheinbar wertlos ist, entdeckt werden kann und zur solidarischen Gemeinschaft aufruft. So kann die New Age-Bewegung zur positiven Herausforderung für die christlichen Kirchen werden.

Wendezeit – New Age oder Apokalyptik?

Oswald Eggenberger

Susanne Schaup schreibt in ihrem Büchlein »Wo Leben wieder menschlich wird«[1]: »Große Veränderungen geschehen nicht über Nacht und werden meistens nicht durch ein einzelnes Ereignis ausgelöst. Sie sind die Folge einer Kettenreaktion von Ereignissen, die sich relativ unbemerkt vorbereiten und in einem inneren Zusammenhang mit bestimmten Grundhaltungen, mit einem bestimmten Weltverständnis stehen«.

Von großen Veränderungen im Zusammenhang mit einem bestimmten Weltverständnis reden alle drei Ausdrücke, die in unserem Titel zusammengefaßt sind: *Wendezeit – New Age – Apokalyptik.* Wir achten deshalb der Reihe nach auf die Rede von der Wendezeit, auf die Vorstellungen der New Age-Anhänger und auf die Aussagen der Apokalyptiker. Die Rede von der Wendezeit und die Zukunftsaussagen der New Age-Anhänger wie auch der Apokalyptiker sind aber auch *eine Herausforderung für die Kirchen,* die sich auf die Bibel berufen. Darum beschäftigen wir uns in einem weiteren Teil mit den kirchlich-theologischen Überlegungen zu den beiden Strömungen.

Wer den Lauf der Menschheitsgeschichte nach rückwärts verfolgt, der weiß, daß schon frühere Epochen als Wendezeit beurteilt worden sind. »Ich gieße Wasser auf durstiges Land und rieselnde Bäche über die trockene Erde. Ich gieße meinen Geist aus über deine Kinder und meinen Segen über deine Nachkommen. Wie Gras an frischen Wassern werden sie sprossen, wachsen wie Weiden an klaren Bächen« (Jes. 44,3–5). Diese Verheißung stammt aus dem Alten Testament. Sie ist zweieinhalb tausend Jahre alt und spricht von einer Wendezeit für das in der Gefangenschaft seufzende Volk.

Der Glaube an einen tiefreichenden Umschwung hat seine Geschichte. Ich erinnere an das Aufkommen des Christentums, dann weiter an das 16. Jahrhundert mit der kopernikanischen Wende. Kopernikus, der Astronom aus Ostpreußen, ersetzte das geozentrische durch das heliozentrische Weltsystem. Er ermöglichte damit die wissenschaftlichen Entdeckungen Keplers und Newtons, der Begründer des bis in unsere Zeit nachwirkenden mechanischen Weltbildes. Fügen wir schließlich ein letztes Beispiel an: Vor 50 Jahren verstanden manche Kreise auch das Aufkommen des Nationalsozialismus als Wendezeit. Der katholische Dogmatiker Michael Schmaus, um nur ein Beispiel zu nennen, hat diese Empfindung auch theologisch untermauert. Die neue Wende »setzt (nach seiner Meinung) an die Stelle des mechanischen Weltbildes die organische Weltanschauung, an die Stelle der liberalistischen und individualistischen Lebenshaltung die Bindung an das Gegebene, an die Erde, an die Gemeinschaft«[2].

Die New Age-Anhänger und die Vertreter der Apokalyptik haben die Tendenz, von einer endgültigen, abschließenden Wendezeit zu reden. Müßten wir im Blick auf frühere Jahre in dieser Hinsicht nicht etwas zurückhaltender sein?

Umgekehrt darf uns allerdings eine gewisse Zurückhaltung in der letztgültigen Beurteilung unserer Jahre als Wendezeit nicht dazu führen, daß wir die besondere Eigenart unserer Jahre nicht ernst nähmen. Können nicht diejenigen, welche die Gegenwart zur Wendezeit erklären, mancherlei gewichtige Gründe dafür anführen?! Um es in einem Satz zu sagen: Die Welt- und Menschheitsentwicklung hat gegenüber früher in verschiedener Hinsicht eine viel raschere Gangart eingeschlagen. 1932 verlegte Aldous Huxley in seinem weitverbreiteten utopischen Roman die »Schöne neue Welt« den Anfang der gleichgeschalteten, entseelten Menschheit noch 600 Jahre in die Zukunft. Im Vorwort zur Neuausgabe von 1949 hielt er die Erfüllung seiner schrecklichen Vision binnen eines einzigen Jahrhunderts für möglich. Wie würde er wohl heute terminieren[3]?

Die rasche Entwicklung *schert* indessen in auffallender Weise *in zwei Richtungen auseinander.* Auf wissenschaftlichem und technischem Gebiet gelingen dem Menschen atemberaubende Erfolge. Die Erforschung des Weltraums mit seinen unermeßlichen Weiten sowie des winzig kleinen aber bedeutungsvollen menschlichen Gens sind nur die spektakulärsten Fortschritte. Gleichzeitig mehren sich jedoch ebenso die Anzeichen einer tiefsitzenden Krise. Frédéric P. Walthard, Messe-Direktor in Basel, sprach am Medientag der Basler Mustermesse 1986 von einem »apokalyptisch erschrekkenden Bild«. Er erwähnte die weltweite Bedrohung aber auch die »Roboterisierung des Menschen durch die Zerstörung seines eigenen Willens«[4]. Hier muß nicht weiter ausgeholt werden. Die Tatsachen sind bekannt: die bedenkliche Unfähigkeit der Völker zum Frieden, die wachsende Umweltzerstörung und die zunehmende Geringachtung des menschlichen Lebens.

New Age

Einerseits beeindruckende Fortschritte – andererseits beängstigende Krisen: Angesichts dieser unterschiedlichen Gegenwartserfahrungen sieht sich die Menschheit vor die Frage gestellt: Was bringt die Zukunft, und was für Konsequenzen ergeben sich daraus für das menschliche Verhalten. New Age und Apokalyptik sind zur Zeit bei uns die beiden am meisten akzentuierten Antworten, Zukunftsvorstellungen oder Paradigmen. Beide haben eine wachsende Anhängerschar gewonnen. Schon aus diesem Grund ist es nötig, beide in ihrer Art sehr unterschiedlichen Zukunftsvisionen im Auge zu behalten.

Wenden wir uns zunächst der *New Age-Bewegung* zu. Die einzelnen New Age-Organisationen lassen sich allerdings oft von weit auseinanderliegenden Vorstellungen leiten. Was sie nicht organisatorisch aber ideell wenigstens einigermaßen vereinigt, sind gewisse Grundansichten.

Die Vordenker des New Age wie Fritjof Capra, Marilyn Ferguson, Robert Muller und andere setzen bei beiden im ersten Teil der hier aufgezeigten Entwicklungslinien ein. Sie nehmen die Krise in ihrer Vielschichtigkeit ernst. Für ihre Zukunftsschau berufen sie sich dann aber vor allem auf die heutigen wissenschaftlichen Fortschritte und auf ein sich daraus ergebendes *neues Weltbild.* Sie erinnern daran, daß Einsteins Relativitätstheorie die Lehren Newtons abgelöst hat. Das bisherige mechanische Weltbild hat, so wird argumentiert, einem neuen Konzept von Raum, Zeit und Materie Platz gemacht. Weitere Stichworte dieser ganz und gar positiv bewerteten Entwicklung sind etwa: Ausweitung des ökologischen Bewußtseins, intensivierte Begegnung zwischen den Weltreligionen und Vorstoß der Psychologie in neue Bereiche und Metabereiche der menschlichen Psyche.

Angesichts solcher Fortschritte wird dann, wohl etwas überschnell, das Christentum als überholt ausgegeben. Wolfgang Dahlberg erklärte im Januar 1986 an einer New Age-Tagung in Bad Boll: »Die traditionellen Systeme greifen nicht mehr trotz der Versuche, zu restaurieren und alles festzuschreiben«.[5)]

Die Bewertung unserer Jahre oder der unmittelbar bevorstehenden Zukunft als neue Zeitepoche steht im Einklang mit *astrologischen Vorstellungen* von einem gänzlich neuen Zeitalter. Anhänger der Astrologie gehen von einer Periodisierung der Menschheitsgeschichte aus. Rückt der Frühlingspunkt, d. h. der Stand der Sonne jeweils am 21. März, von einem Sternbild in das nächste weiter, was etwa alle zweitausend Jahre vorkommt, so nimmt nach astrologischer Grundauffassung auch ein neues Erdenzeitalter seinen Anfang. In unseren Jahren werde, so wird erklärt, das mit der christlichen Aera zusammenfallende, von Spannungen, Angst, Hunger und Krieg erfüllte Fischezeitalter vom friedlichen, harmonischen, umweltbewußten *Wassermann-* oder *Aquarius-Zeitalter* abgelöst.

Die New Age-Anhänger begleiten diese Vision von einem Neuanfang mit einem auffallenden Optimismus. Peter Russell spricht in seinem Buch mit dem Titel »Die erwachende Erde – Unser nächster Evolutionssprung«[6)] von einer »hochoptimistischen Zukunftsversion«. Marilyn Ferguson denkt als Möglichkeit an eine »Metamorphose der Menschheit«[7)]. Sollte jemand noch zweifeln, so erklärt Philip Schiffmann, daß das Wassermann-Zeitalter »mit unmittelbarer Wucht«[8)] über die Menschheit kommen wird?

Die optimistische Zukunftsschau – eine friedliche, in jeder Hinsicht harmonische Welt mit einem neuen Menschentyp – gründet nicht nur auf der astrologischen Lehre vom Anbruch eines neuen Zeitalters, sondern ebenso auf den Vorstellungen – oder sollen wir sagen: auf dem Glauben? – von der *Entwicklung der Menschheit und des Menschen.* Die New Age-Anhänger reden allerdings nicht vom Glauben, sondern von der konsequenten Anwendung wissenschaftlicher Erkenntnisse. Sie rechnen mit verborgenen Kräften, die in unseren Jahren zur Entfaltung kommen, ja auch im Menschen durch passende Psychotechnologien zur Entfaltung gebracht werden müssen, damit der einzelne Mensch und die ganze Menschheit auf eine höhere biologische, geistige, soziale und kulturelle Stufe gelangen.

Die kurz geschilderte *Evolution* schließt die *Transformation* des menschlichen Bewußtseins in sich. Die Vollendung der früheren Stufen der Evolution führt zur Bewußtseinserweiterung, zur Erneuerung der Bewußtseinsqualität, wie Michael Gebauer formuliert[9)], ja zum kosmischen oder zum planetarischen Bewußtsein. Der Mensch findet den Zugang zum göttlichen Bewußtsein. An dieser Stelle werden die New Age-Vorstellungen also sehr religiös.

Das *göttliche Bewußtsein* wird dabei ganz in Anlehnung an asiatisch-religiöse und theosophische Vorstellungen beschrieben. Gott gilt in der Regel nicht als der Vater, der personhafte, der qualitativ andere, wie ihn Christen verehren. Die New Age-Anhänger sehen im Göttlichen eine Kraft, eine Energie und unter Berufung auf psychologische Erkenntnisse das Selbst, das Eins und Alles. Jeder Mensch ist Teil des einen Selbst. Oder sagen wir es mit einer Formulierung von Mark Albrecht in der Zeitschrift »up-date« vom Dialogue Center in Aarhus: »Da das Universum selber göttlich ist, wie Pantheismus und Monismus voraussetzen, ist jede Person ein Funken des kosmischen Feuers oder eine Welle im göttlichen Ozean«[10)]. Ziel der Evolution und der Transformation ist die *mystische Vereinigung* mit einem göttlichen All-Sein.

Zum Aufbruch in das neue Zeitalter gehören schließlich *der Holismus als Ganzheitsdenken und das holistische Weltbild.* Führte der Rationalismus seit Descartes zur Scheidung von Geist und Materie, Denken und Sein, so geht es dem Holismus um die Ganzheitserfassung aller Erscheinungen. Nun kommt es nicht mehr auf das verstandesmäßige Analysieren an, sondern auf die Zusammenschau, auf die *Synthese.* »Synthese« – so heißt in Verdeutlichung dieses Anliegens z. B. die periodische Veröffentlichung der 1980 in Karlsruhe gegründeten Kosmosophischen Gesellschaft. Sie erstrebt die Synthese von Wissenschaft und Religion, Lebensweisheit und Lebenskunst, Makrokosmos und Mikrokosmos. Gemeint ist weiter die Synthese von Geist und Materie (ein altes Anliegen des Okkultismus), von Subjekt und Objekt, Erfahrung und Denken, Männlichem und Weiblichem, Ursache und Wirkung.

Synthese meint nicht, daß zwei Seiten addiert werden, sondern jeder Teil ist im andern, das Ganze ist in jedem Teil eingefaltet. So ist auch das menschliche Bewußtsein eine geistige Ausprägung des Weltganzen. New Age-Anhänger sprechen in diesem Zusammenhang von der »Allgemeinen System-Theorie«. Die Beziehung zueinander bedeutet alles.

Die Philosophie des Holismus ist für alle Erscheinungen, alle Erfahrungen und alle Ausdrucksmöglichkeiten des Menschen offen. Die Liste der New Age-Organisationen, welche die verschiedensten körperlichen, psychischen, metapsychischen, in manchen Fällen spiritualistischen und magischen Techniken anwenden, ist rasch gewachsen. Eine Liste der Therapien und Psychotechniken in der Zeitschrift »Sphinx« vom Februar/März 1985 beginnt mit Akupressur. Es folgen in alphabetischer Reihenfolge Alexander-Technik zur Wahrnehmung des Energieflusses im eigenen Körper, Atemtherapie, Bioenergetik usf. Der für 1986 zum zweitenmal erschienene New Age-Kalender führt im deutschen Sprachraum 28 Zeitschriften und um die 200 Organisationen an. Diese werden in 6 Gruppen zusammengefaßt, nämlich in (1) Allgemeine Esoterik, (2) Gewisse Richtungen der Humanistischen Psychotherapie, (3) ganzheitliches Heilen, (4) Natur und Ökologie, (5) Moderne alternative Technologien, (6) Spezielle Gruppen wie Parapsychologische Arbeitsgruppen, Buddhistische Zentren, Yoga-Unternehmen, Transzendentale Meditation-Organisationen, Sri Chinmoy-Zentren. Die Adressliste ist keineswegs vollständig. Es fehlt z. B. auch die Stiftung New Age-Bildungsstätte Zürich/Luzern, die in Verbindung steht mit dem Institute for Planetary Synthesis, Genf. Schon die knappen Hinweise zeigen, daß das Gebiet der New Age-Organisationen nicht klar abgegrenzt ist. So sind unter der Bezeichnung »New Age« auch mancherlei Trittbrettfahrer mit dabei. Nicht alle New Age-Vertreter werden sich indessen daran stören. »Wasser« im Ausdruck Wassermann ist für sie nämlich ganz allgemein »ein Symbol für fließende Energien«. Und warum sollen die neuen Energien nicht in der einen oder andern abseitigen Gruppe fließen?

Wer sich nur in die New Age-Schriften vertieft, könnte sich von der optimistischen Zukunftsschau anstecken lassen. Wer dann zwei Wochen lang die Zeitung liest oder die Tagesschau verfolgt, dem wird allerdings sofort bewußt, daß die Menschheit von einem goldenen Zeitalter noch weit entfernt ist. Unsere Jahre erhalten ihr Gepräge, wie im ersten Teil unter »Wendezeit« ausgeführt worden ist, nicht nur von den wissenschaftlichen Fortschritten. Sie sind ebenso sehr von vielen Krisen geschüttelt. Sind die Fortschritte für die New Age-Anhänger, vielleicht etwas summarisch ausgedrückt, der Anlaß für ein lichtes, optimistisches Zukunftsbild, so knüpfen die Apokalyptiker gerade umgekehrt an die Berichte von Kriegen, Umweltzerstörung und Katastrophen an. Sie malen mit dunklen Farben. Für sie gibt es lediglich am fernen Horizont ein lichtes Morgenrot. Verhieß Frau Kübler-Ross im März 1986 an einem Vortrag in der Nähe von Zürich in guter New Age-Art die Erneuerung der Menschheit bis in 25 Jahren, so rast nach den Vorstellungen der Apokalyptiker die Erde während der gleichen Frist in den Abgrund. Wer hat recht? »Wendezeit – New Age oder Apokalyptik?«

Welches sind die *Hauptelemente des apokalyptischen Zeit- und Weltverständnisses?* Der Apokalyptiker glaubt, daß der Lauf der gegenwärtigen und der zukünftigen Weltgeschehnisse von Gott bestimmt wird. Neben Gott ist aber auch die gottfeindliche Macht des Bösen am Werk. Die Apokalyptiker vertreten, anders als die New Age-Anhänger mit ihrem Monismus, eine dualistische Geschichts- und Zukunftsschau. Nicht selten wird die Macht des Bösen personifiziert und als Satan und als Antichrist beschrieben.

Die ausgesprochenen Apokalyptiker deuten die Zunahme der Kriminalität, ökologische Katastrophen, das was sie als moralischen Zerfall einstufen und vor allem kriegerische Spannungen als Erfüllung früherer, meist biblischer Weissagungen und damit als Vorzeichen einer baldigen globalen Untergangskatastrophe. Im April 1986 erfolgte der Bombenabwurf der amerikanischen Flieger über Libyen. Vier Tage später lud das Missionswerk Mitternachtsruf mit Wim Malgo durch ein Inserat im Tagblatt der Stadt Zürich zu einem Gottesdienst ein. Thema: »Der Krieg zwischen den USA und Libyen im Lichte des prophetischen Wortes«. Für Weissagungen, die bereits in biblischer Zeit ihre Erfüllung gefunden haben, wird oftmals eine zweite Erfüllung in unseren Tagen angenommen.

Unsere Welt geht demnach nicht nur, wie in den New Age-Lehren angenommen wird, einem neuen Zeitalter, sondern überhaupt ihrem Ende entgegen. Die apokalyptischen Zukunftserwartungen sind radikaler. Im Untergang vollzieht sich Gottes Gericht über alles Böse und alle, die dem Bösen Raum gegeben haben. Wim Malgo sieht heute, auf dem Hintergrund dunkler Weltkatastrophen und sozusagen in Übersteigerung apokalyptischer Aussagen »die schnelle Abwicklung des dreifachen Endes dieser Welt, nämlich: das Ende ihrer Zeit – das Ende ihres Wesens – das Ende ihres Daseins«[11]. Erst nach diesem Ende ist mit dem Anbruch des göttlichen Friedensreiches, mit »dem neuen Himmel und der neuen Erde« zu rechnen (Offb. 21).

Angesichts der drohenden Katastrophen sieht der Apokalyptiker das Heil nicht in einer psychospirituellen Transformation oder in einer der vielen Körpertherapien, sondern in der entschiedenen Zuwendung zu Gott. Die apokalyptische Verkündigung ist immer vom ernsten Ruf zur Buße, zur Umkehr begleitet. Einzig die Zuwendung zu Gott zählt. Sie ist die Voraussetzung für die Errettung in der Katastrophe und für die erhoffte Gemeinschaft mit Jesus Christus, dem göttlichen Erlöser.

Vom spannungsvollen Nebeneinander der beiden Paradigmen: New Age und Apokalypse

Gehen wir einen Schritt weiter. Ich weiß nicht, welchem der beiden Paradigmen, New Age oder Apokalyptik, der Leser mehr zuneigt. Beide üben heute auf viele eine bedeutende Anziehungskraft aus. »New Age ist in«, so heißt es in »Psychologie heute« 1985/9 im Zusammenhang mit einem Hinweis auf die New Age-Taschenbuchreihen der Verlage Knaur und Goldmann. Auf der andern Seite haben apokalyptische Gedanken, wie H. Kraft schon 1957 festgestellt hat, »ihre Anziehungskraft auf die religiös interessierten Laien weniger denn je verloren«[12]. Es sind nicht allein verschiedene christliche Sondergruppen, die sich für Apokalyptik interessieren. Das Buch von Hal Lindsey und Carole Carlson »The Late Great Planet Earth«/»Alter Planet Erde wohin?« (1970) ist, um nur ein Beispiel zu nennen, in einer Weltauflage von über 20 Millionen Exemplaren verbreitet.

Entschiedene Vertreter der beiden Paradigmen finden in der Regel allerdings wenig Verständnis füreinander. »Wort und Geist«, das Monatsblatt verschiedener gemäßigter Pfingstgemeinden vom April 1986 sieht in der New Age-Bewegung »ein Spektakel des ›Gottes dieser Welt‹, der die Sinne der Ungläubigen verblendet hat«. Auf der andern Seite betrachten New Age-Anhänger, etwa Ken Wilber in seinem Buch »Halbzeit der Evolution«, die jüdisch-christliche Geschichtsauffassung als überholt[13].

Steckt hinter einer solchen Be- oder Verurteilung des gegensätzlichen Paradigmas nicht eine problematische Verabsolutierung der eigenen Sicht? Können sich im Grunde genommen nicht beide Paradigmen auf Vorkommnisse unserer Zeit berufen? Der Weg der heutigen Menschheit verläuft, wie wir im ersten Teil ausgeführt haben, zwischen Fortschritt und Krisen.

Haben deshalb, *psychologisch betrachtet,* nicht beide Seiten, New Age-Lehren wie auch Apokalyptik, ihre begrenzte Berechtigung? Schließen wir uns Adolf Guggenbühl, dem langjährigen Präsidenten des Zürcher Jung-Instituts an, so könnten wir in den beiden Paradigmen Mythen zur Erfassung der Wirklichkeit sehen. Guggenbühl schreibt anfangs 1986: »Ist der Fortschrittsmythos ein einseitiger und deshalb eventuell schädlicher Mythos? Auf alle Fälle ist er nicht die einzige Möglichkeit, die Entwicklung der Menschheit und des einzelnen Menschen zu verstehen ... Eine nicht durch Untergangsmythologie ergänzte Fortschrittsmythologie ist sicher gefährlich und schädlich, sie bewirkt kollektiv, daß die Menschen sich überschätzen und der Hybris verfallen. Sie bewirkt auch, daß in begeisterten Fortschritten das gegenwärtige Leid übersehen und vernachlässigt wird«[14].

Diese Aussagen des Psychiaters enthalten unüberhörbar auch einen Schuß Kritik am fast grenzenlosen New Age-Optimismus. In unserem Zusammenhang müßte sich aber auch der Apokalyptiker fragen, an welche vernachlässigten Seiten der Wirklichkeit ihn der New Age-Fortschrittsglaube erinnert.

Wendezeit – New Age oder Apokalyptik? Aus psychologischer Sicht müßten wir also nicht im Sinne eines Entweder–Oder zwischen den beiden Paradigmen entscheiden und die eine oder andere Zukunftsschau als rundweg wertlos abqualifizieren. Beide akzentuieren eine wesentliche Seite der heutigen Situation. »Widerspruchslosigkeit« wäre, um nocheinmal Guggenbühl zu zitieren, wieder ein Mythos[15].

New Age oder Apokalyptik: Überlegungen aus der Sicht des christlichen Glaubens

Das Thema »Wendezeit – New Age oder Apokalyptik« ruft nicht allein einer Antwort aus psychologischer

Sicht. Ebenso sehr werden auch theologische Fragen angesprochen. Wir widmen darum einen letzten Teil einer kurzen *Kritik aus christlicher Sicht.* Wie stellt sich der Glaube an Jesus Christus zur Apokalyptik und zu den New Age-Anschauungen? Die Notwendigkeit der Auseinandersetzung ergibt sich aus den Zukunftsvisionen der Apokalyptiker und den Lehren der New Age-Anhänger selbst. Die Apokalyptiker berufen sich wie der christliche Glaube auf die Bibel. Die New Age-Anhänger reden zwar vom Ende des christlichen Zeitalters; ein Teil von ihnen nimmt aber auch Jesus Christus für sich in Anspruch.

Was haben wir vom christlichen Glauben her dazu zu sagen? Einige Kritiker, wie die bereits erwähnte Zeitschrift »Wort und Geist« oder C. Cumbey, »Die sanfte Verführung«[16)], treten insbesondere den New Age-Anschauungen mit der Schwarz-Weiß-Methode bzw. mit der dämonologischen Interpretation entgegen. Andere, denken wir besonders an Artikel in breitgestreuten Magazinen, versuchen gerade umgekehrt, New Age-Anschauungen und christlichen Glauben zu vermischen, so daß das Eigentliche des christlichen Glaubens kaum mehr hervortritt. Ich plädiere demgegenüber für das Gespräch. Ich möchte im Gespräch auf die Anliegen von Apokalyptik und New Age hören, gleichzeitig aber auch die zentralen *Aussagen des christlich-biblischen Glaubens einbringen.* Da die Apokalyptiker ihre »Prophetie« absolut setzen und die Vertreter etwa der Transpersonalen Psychologie Kritikern ohne Fortschritte in der Bewußtseinserweiterung, sowie sie diese verstehen, kein sachgemäßes Urteil zubilligen, drohen dem Gespräch allerdings sehr enge Grenzen. Selbst Schwierigkeiten dürfen einem indessen nicht davon abhalten.

So betrachtet, entdecken wir in vielen *apokalyptischen Aussagen* eine deutliche Erinnerung daran, daß die Menschheitsgeschichte nicht einfach wie fallendes Herbstlaub sich selbst überlassen bleibt, sondern von Gott auf ein Ziel hingeführt wird. Dieses Ziel wird als Gericht aber auch als neuer Himmel und neue Erde beschrieben. Beides kann als Ausdruck der Treue Gottes zu seinen Menschen interpretiert werden. Der Hinweis auf die göttliche Treue, die den Menschen in ein Leben der Zuwendung zu Gott ruft, deckt sich mit dem biblisch-christlichen Glauben und Vertrauen.

Die Art, wie etwa verschiedene Endzeitgemeinden wie z.B. Jehovas Zeugen und die »Weltweite Kirche Gottes« mit ihrer Zeitschrift »Klar und Wahr«, wie aber auch apokalyptische Schriftsteller unserer Tage ihre Endzeitprophezeiungen in den Mittelpunkt des Glaubens rücken, können wir jedoch nicht übernehmen. Wer mit oder ohne zeitliche »Berechnungen« an Katastrophen und Kriegen Gottes Stunde ablesen will und in seiner Verkündigung an die Angst appelliert, vergißt zweierlei: Gottes Gedanken sind, wie es im zweiten Teil des Jesaiabuches heißt, höher als unsere Gedanken (Jes. 55, 8). Und Gottes Zukunftshandeln mit uns Menschen kann nur im Gesamtzusammenhang seines Gnadenhandelns in Jesus Christus verstanden und erfahren werden.

Christliche Hoffnung ist mehr eschatologische als apokalyptische Hoffnung. Das heißt, sie lebt aus dem Glauben an Gottes Handeln im Kreuz und in der Auferstehung Jesu Christi und in Ausrichtung auf Gottes Zukunftsreich. Die Hoffnung hört auch im Leiden nicht auf, und sie befreit den Menschen für den Einsatz für die Welt. Es gilt auch hier, was Jürgen Moltmann einmal ganz allgemein von der Hoffnung festhält: »Wo andere Lebewesen einer Situation der Ausweglosigkeit hilflos preisgegeben sind, kann der Mensch ihr eine befreiende Kraft entgegensetzen – die Hoffnung«[17].

Bei der Stellungnahme des christlichen Glaubens zu den *New Age-Anschauungen* müssen wir etwas länger verweilen. Sicher ist es auch hier wichtig, daß – bei aller Betonung der eigenen christlichen Aussagen – das Gespräch nicht abreißt. Allerdings können wir jetzt nicht auf alle Erscheinungen und esoterischen Erfahrungen, auf Schamanismus, Indianerweisheit, Yoga, Körper-Therapien, feministische Überlegungen, Kommerzialisierungen, Meditationsformen usf. eingehen. Wir können auch nicht alle New Age-Organisationen anführen. Für manche Einzelheiten verweise ich auf die weiteren Beiträge in dieser Broschüre. Wir fragen jetzt angesichts der Herausforderung durch die New Age-Lehren vor allem: Wie sehen wir *als Christen* die Bedeutung Jesu Christi, die Beziehung des Menschen zu Gott, das Verhältnis Gott-Natur-Mensch und das spirituelle Leben.

a) Es spricht für die überragende *Ausstrahlungskraft Jesu Christi*, daß er auch auf New Age-Seite als geistige

Größe geachtet wird. Der bereits oben zitierte Wolfgang Dahlberg bezeichnet Jesus als »Brückenkopf einer neuen Menschheit«[18]. Er denkt bei dieser Bezeichnung jedoch nicht an den »neuen Adam« im Römerbrief Kap. 5. Er stellt die Aussage im Unterschied zum Neuen Testament in einen New Age-Kontext. Dementsprechend lesen wir bei W. Dahlberg fortfahrend, daß die »ganze antike Weisheit und das Zeitgeschehen als ein Mysterium der Menschwerdung Gottes im Prozeß der Weltenschöpfung« zu verstehen sei[19].

Ken Wilber, »Halbzeit der Evolution«, holt noch weiter aus: Er bezeichnet die Offenbarung Christi als Offenbarung des Dharmakaya, des höchsten in allen Buddhas vereinten Prinzips[20]. Er deutet die Lehren Christi im Sinn der *Gnosis*. Jesus sei der *einzige* historische Sohn Gottes, ist für ihn eine »monströse Vorstellung«[20].

Die Verschiedenheit der New Age-Deutung und der biblischen Aussagen über Jesus Christus kann kaum deutlicher zum Ausdruck gebracht werden. In der Bibel betont gerade das Johannesevangelium, das gnostische Formulierungen aufnimmt und unter dem Eindruck Jesu Christi mit neuem Inhalt füllt, daß Gott uns in Jesus Christus »den einzigen Sohn gesandt hat, damit jeder, der an ihn glaubt, nicht verloren gehe, sondern ewiges Leben habe« (Joh. 3,16).

Die ersten Christen haben Jesus Christus gemäß dem Neuen Testament nicht als spirituellen Führer auf der höchsten Evolutionsstufe mit umfassender, ins Kosmische vorgedrungener Bewußtseinserweiterung erlebt, sondern als spirituellen Führer und göttlichen Erlöser. Sie sahen sich im Glauben von ihm zurückgebracht aus der Ferne zu Gott, aus der Verfremdung zum Vater, aus dem Ungehorsam in die Vergebung, aus der Einsamkeit in die Gemeinschaft, aus dem Tod ins Leben.

b) Das große Thema des Neuen Testaments *und* des christlichen Lebens ist *die Gnade.* Gnade ist die freundliche Zuwendung Gottes zur Welt. Die New Age-Anhänger vertreten demgegenüber die *selbstverwirklichte Identität.* Ken Wilber zitiert den gnostischen Grundsatz: »Sich selbst erkennen, heißt Gott erkennen; das (höchste) Ich und das Göttliche sind identisch«[21]. Reinhard Hummel weist denn auch in kritischer Sicht auf die Übereinstimmung zwischen dem »Transpersonalen« und der asiatischen Mystik hin, in der das Individuum im Göttlichen Allsein aufgeht und mit ihm verschmilzt. Während für den Christen das Gegenüber von Schöpfer und Geschöpf grundlegend ist, kommt es hier zu einer Vergöttlichung des Menschen[22]. So ermuntert z.B. Edward Bach, der Gründer der New Age-Blütentherapie (nicht für eine östliche, sondern eine westliche Leserschaft): »Kommt heraus, meine Brüder und Schwestern, in den glorreichen Sonnenschein der Erkenntnis eurer Göttlichkeit«[23].

Mobilisierung der Kräfte der Seele ist ein berechtigtes Anliegen. Die Rede von der Vergöttlichung des Menschen läßt sich hingegen mit dem christlichen Glauben nicht vereinbaren.

Von der gleichen Grundanschauung her setzen sich

New Age-Anhänger kaum mit der Realität des Bösen auseinander. Während verschiedene Apokalyptiker fast nur in dunklen Farben malen, meinen New Age-Autoren, das Gute werde sich von nun an »Kraft eigener Qualität« in raschen Schritten selber durchsetzen. Leben New Age-Anhänger mit diesem Optimismus nicht an der heutigen Wirklichkeit vorbei, und verfallen sie nicht einer trügerischen Utopie?

Der Christ ist ein Geschöpf des Schöpfers. Er lebt aus dessen Gnade und verzichtet darum auf eine Überhöhung des Menschen. Er hat im Glaube teil an der Gemeinschaft mit Gott. Er nimmt die Realität des Bösen ernst, weiß sich aber gleichzeitig durch Christus befreit und motiviert zum Einsatz wider das Böse und alle Not. Er rechnet nicht mit Karma und Seelenwanderung. Wichtig ist ihm die Verantwortung vor Gott und die Hoffnung auf ein ewiges Leben.

c) Mit dem Hinweis auf die Verantwortung richten wir den Blick bereits auf die Aussagen über *Gott-Menschheit-Erde* und über *die Einstellung zur Natur.* In der Übersicht über die New Age-Organisationen erwähnten wir auch eine Gruppe »Natur und Ökologie, Kräuter und Pflanzen«. Zu ihr gehören u.a. einige Unternehmen für naturgemäßen Landbau und für humane Weltgestaltung, ferner eine Vereinigung für Sonnenenergie und der Herbarius Versand mit dem Zunamen »Kräuterhexe«. Bewahrender Umgang mit der Schöpfung ist ohne Zweifel ein dringendes Gebot der Stunde. Die Wachheit verschiedener New Age-Organisationen für naturgemäßes Verhalten ist ernst zu nehmen. Wie bei keinem andern Punkt müssen wir hier neben aller Kritik auch die Frage stellen, was denn die christliche Theologie und die Kirchen zur Bewältigung der so rasch angewachsenen ökologischen Probleme leisten?

Unsere Kritik richtet sich nicht pauschal gegen alle Forderungen des bereits oben erwähnten holistischen Denkens. Die großen, drängenden Umweltprobleme können nur in einer Ganzheitsschau angegangen werden, die Gottes Walten, menschliches Handeln und Integrität der Schöpfung nicht auseinanderreißt, sondern in ihrer Beziehung zueinander ernst nimmt. Der christliche Glaube grenzt sich jedoch gegen die pantheistische All-Einheits-Schau verschiedener New Age-Kreise ab. Für ihn sind Schöpfer und Schöpfung zweierlei; beide stehen aber in enger Beziehung zueinander. Gottes Zuwendung in der Menschwerdung des Wortes motiviert den christlichen Glauben zum Einsatz. Durch sie gewinnt der Glaubende Kraft zum Einsatz für die Umwelt wie auch für Gerechtigkeit und Frieden. Die New Age-Vorstellung einer »Selbstorganisation« der Materie wie auch der biologischen, ökologischen, gesellschaftlichen und kulturellen Strukturen liegt ihm fern.

Manches ist im Hinblick auf eine vertiefte Sicht der Beziehung Gott – Natur – Menschheit in den letzten Jahren auch in den Kirchen in Bewegung geraten. Ich erinnere als Beispiel an den Vorschlag von Jürgen Moltmann zur Entwicklung einer pneumatischen, voll entwickelten Schöpfungslehre, an das »Ökologische

Memorandum«, hgg. von Pius Hafner, Ernst Meili u. a.[24] und dann besonders auch an den Aufruf des Reformierten Weltbundes und des Ökumenischen Rates der Kirchen zum Abschluß eines »Bundes für Frieden, Gerechtigkeit und Erhaltung der Schöpfung« (1983).

d) Das Stichwort »New Age« steht auch für eine *neue Spiritualität*. Dementsprechend betitelt Rolf Goetz seine Übersicht: »Spirituelle Gemeinschaften«[25]. Bärbel Gresens und Karl-Heinz Koch veröffentlichen über tausend Adressen für den deutschsprachigen Raum als »Spirituelles Adreßbuch« 86/87[26]. Es versteht sich von selbst, daß gerade diese neue Spiritualität die allerdings kritische Beachtung der Kirchen findet. Angesichts der zunehmenden Säkularisierung muß ihre Ausbreitung in der Tat auffallen. Ist das Aufkommen dieser neuen, in vielen Farben schillernden Spiritualität vielleicht ein Zeichen dafür, daß der moderne wissenschaftlich-technische Rationalismus als Orientierungshilfe dem heutigen Menschen nicht mehr genügt?

»Wesentliche Kriterien für die neue Spiritualität« sind, nach einer Formulierung von Michael Mildenberger aus dem Jahr 1980: »daß das Bewußtsein die eindimensionale, eng definierte alltäglich rationale Erfahrungswelt gesprengt hat und daß sich eine Suche nach einem anderen, dem neuen ganzheitlichen Bewußtsein entsprechenden libertären Lebensstil entwickelt hat. Die Lebensgestaltung und eben auch die Erziehung ist ganzheitlich ausgerichtet und nicht mehr einseitig intellektuell«[27].

In dieser Situation dürfen die Kirchen das Bedürfnis mancher Zeitgenossen nach neuer Besinnung und Meditation, nach Raum für Intuition und Kreativität nicht überhören. Nur führt sie die Offenheit für diese Anliegen nicht, wie es im Programm eines New Age-Instituts heißt, zum »Überprüfen der Bibel durch den Rückgriff auf ihre älteste spirituelle (d. h. wohl esoterische) Tradition«, auch nicht zur geistigen Verwurzelung in »Mutter Erde« und ebensowenig zu einem, wie kürzlich in einer Fernsehsendung vermerkt wurde, »vagen irrationalen Mystizismus«, der mit einer christlichen Mystik nichts zu tun hat. Christliche Spiritualität und Frömmigkeit bekommt ihre Prägung durch die Bezogenheit auf Gott und durch das im Glauben erfahrene Wirken des Heiligen Geistes. Der Wurzelgrund der damit zum Ausdruck kommenden (beginnenden) neuen Existenz liegt nicht primär im seelischen Potential des Menschen, nicht in der *Selbst*-Verwirklichung, sondern in der von Jesus Christus geschenkten bzw. empfangenen Gemeinschaft. Christliche Spiritualität kreist nicht allein um sich selber. Nach Ausführungen von G. R. Bach und H. Molter in »Psychoboom« (1976) ist die Beschäftigung nur mit dem eigenen Ich und mit der Erfüllung seiner Wünsche eine Gefahr gewisser New Age-Kreise. Die beiden Psychologen warnen ausdrücklich vor der »bedingungslosen Glorifizierung des menschlichen Selbst« als einer »gefährlichen Verzerrung der humanistischen psychologischen Bewegung«[28]. Christliche Spiritualität ist, will sie sich nicht selbst verraten, offen für den Mitmenschen und damit bereit zum Einsatz für gerechtere soziale und politische Verhältnisse.

Nun zum Schluß: Die Menschheit steht heute vor sehr schwierig zu bewältigenden Zukunftsproblemen. Angesichts des bedrohlichen Gewölks kommen New Age und Apokalyptik eine bedeutende Aktualität zu. Die Kirchen müssen sich mit den beiden Zukunftsvorstellungen auseinandersetzen und erst recht ihren Beitrag zur Bewältigung der drängenden Probleme leisten.

In der zweiten Bitte des Unser Vaters heißt es: »Dein Reich komme«. Das neue Reich steht im Mittelpunkt der Überlegungen sowohl der Apokalyptiker, der New Age-Anhänger und des christlichen Glaubens. Für den *Apokalyptiker* ist der Ausblick auf das kommende Reich Gottes vom Gedanken an die jüngsten Umweltkatastrophen begleitet. Diese sind für ihn Vorläufer einer letzten erdenweiten Gerichtskatastrophe, hinter der er für die Erretteten Gottes Reich erwartet. Unsere Frage lautet: Besteht nicht die Gefahr, daß der Apokalyptiker den heute so wichtigen Einsatz für die Erhaltung der Erde und die Sicherung des Friedens mit seiner Geschichtsschau zu wenig ernsthaft ins Auge faßt?

Auch *New Age-Anhänger* beschäftigen sich mit der Frage, *wann* das neue Zeitalter wirklich seinen Anfang nimmt. In der Februar/März-Nummer 1985 der Zeitschrift »Sphinx« ist der einleitende Artikel mit der Frage überschrieben: »1985 – Erstes Jahr der neuen Ordnung?« Es handelt sich um das Zeitalter eines neuen kosmischen Bewußtseins, aufgrund eines sog. »New Age-Impulses«. Als Beispiel für das Wirken des New

Age-Impulses nennt George Trevelyan die Findhorn-Siedlung in Schottland zusammen mit ihren rund 50 Kontaktstellen in andern Ländern[29]. Der im Menschen wirkende Impuls und die vom Menschen nachvollzogene Verwirklichung gehören zusammen. Es bleibt jedoch neben andern die eine Frage: Bewirkt das durch Meditation und verschiedene Psychotechniken herbeigeführte Fortschreiten in höhere, metapsychische Bewußtseinsebenen wirklich eine tiefgreifende, alles Böse, allen Egoismus überwindende und sich über die ganze Welt ausbreitende Verhaltensänderung?

In der *Erfahrungswelt des Neuen Testamentes* ist die Rede von Gottes Reich in die Gewißheit eingebettet, daß die neue Zeit mit Jesus Christus, dem gekreuzigten und auferstandenen, ihren Anfang genommen hat. Dieses Reich kommt nicht aufgrund einer Selbstorganisation des Universums, sondern indem die Menschen dem Wirken des Heiligen Geistes Raum geben. Zur Frucht des Geistes gehören Freude und Nächstenliebe (Gal. 5,22), aber auch die Verantwortung für Frieden, Gerechtigkeit und Bewahrung der Schöpfung. Die drängende Frage ist: wann endlich lassen wir Christen uns von Gottes Geist bestimmen? – Der Glaube rechnet schließlich mit Gottes zukünftigem umfassenden Eingreifen. Gott wird alles nötige Bemühen um eine bessere Welt und ebenso alles Versagen beenden. Der Glaube kann die göttliche Zukunft nicht vorausberechnen. Aber er wartet mit der Johannesoffenbarung auf den »neuen Himmel und die neue Erde« (Offbg. 21,1 ff.).

Anmerkungen:

1) Herder-TB 1985, S. 13.
2) M. Schmaus, Begegnung zwischen katholischem Christentum und nationalsozialistischer Weltanschauung, Münster [2]1934, S. 13, zit. »Reformatio« Febr. 85, S. 24.
3) Aldous Huxley, Schöne neue Welt, 1101.–1170. Tausend, Fischer-TB, 1984, S. 17.
4) zit. Informationen des Adventistischen Pressedienstes 86/2.
5) W. Dahlberg, Neues Zeitalter – Aufbruch woher, Aufbruch wohin? 1986, S. 5.
6) P. Russell, The Awakening Earth. The Global Brain, 1982 (Deutsch: Heyne Sachbuch 1984, [2]1985, S. 12).
7) M. Ferguson, The Aquarian Conspiracy, 1980 (Deutsch: Die sanfte Verschwörung, Basel 1982, S. 64).
8) In: Netzwerk – New Age Kalender 1985, S. 209.
9) M. Gebauer, Renaissance der Magie oder Die Aktivierung der Archetypen des Wassermannzeitalters, in: Netzwerk – New Age Kalender 1985, S. 212.
10) M. Albrecht, New Age Spirituality – A General Overview, in: »up-date«, August 1981, S. 4.
11) W. Malgo, Was sagt die Bibel über das Ende der Welt, 531.–730. Tausend, 1983, S. 17.
12) RGG I, Sp. 472.
13) K. Wilber, Up From Eden, 1981 (deutsch: Halbzeit der Evolution, 1984, S. 14).
14) A. Guggenbühl, Die närrischen Alten, Betrachtung über moderne Mythen, Zürich 1986, 68 und 70.
15) Auf eine weitere Beziehung zwischen den beiden Paradigmen sei nur am Rande noch hingewiesen: Kürzlich sagte mir eine Meditations- und Kursleiterin aus dem weiten Feld der New Age-Bewegung so nebenbei, daß die Menschheit nach ihrer Meinung unweigerlich in eine Ökokatastrophe hineintreibe ...
16) C. Cumbey, The Hidden Dangers of Rainbow, 1983 (deutsch: Die sanfte Verführung, 1986).
17) J. Moltmann, Das Experiment Hoffnung, München 1974, S. 7.
18) W. Dahlberg, a.a.O., S. 9.
19) ebenda S. 9.
20) K. Wilber, a.a.O., S. 283 f.
21) ebenda S. 284.
22) in: »Materialdienst« November 1984, S. 324 ff.
23) Ed. Bach, Blumen, die durch die Seele heilen. Aus dem Englischen, o. J., S. 168.

24) Zürich 1985.
25) mandala Verlag, Klingelbach 1984.
26) Param Verlag, Ahlerstedt 1, 1985.
27) in: »Materialdienst« Juni 1980, S. 154.
28) Bach/Molter, Psychoboom, Düsseldorf 1976, S. 194.
29) G. Trevelyan, Eine Vision des Wassermann-Zeitalters, aus dem Englischen, Goldmann-TB, ²1985, S. 192.

Christliche Gnosis und Gnosisversuche der Neuzeit – Was ist Erkenntnis?

Carl-A. Keller

Mein Beitrag besteht aus drei Teilen und einem kurzen Schluß. Ich werde zuerst versuchen, das grundlegende Problem der christlichen Gnosis aufzuzeigen. Hierauf werde ich die altchristliche Gnosis behandeln und in einem dritten Teil auf einige Beispiele von moderner Gnosis eingehen. Abschließend werde ich die Frage stellen: Was ist Erkenntnis[1)]?

I. Die Botschaft Jesu als Kern der christlichen Gnosis

Der Ursprung der christlichen Gnosis, einer bedeutsamen Bewegung innerhalb der ältesten Christenheit, ist ein umstrittenes Problem. Lange hat man sich damit begnügt, sie im Anschluß an die Ketzerbestreiter der alten Kirche als böswillige, ja teuflische Verkehrung der christlichen Wahrheit abzutun. Im letzten Jahrhundert wurde es üblich, die Gnostik zu deuten als überstürzte Hellenisierung des Evangeliums. Und in unserem Jahrhundert versteht man sie mit Vorliebe als eine außerchristliche, ja vorchristliche, aus orientalischen und griechischen Quellen genährte Religion, die nur oberflächlich von einigen Anhängern mit einem christlichen Firnis versehen worden wäre. Bei dieser letzteren Sicht bleiben allerdings sehr viele Fragen ungelöst. Darum versuchen manche Forscher, das Phänomen im wesentlichen aus christlichen, oder zum Teil auch jüdischen, Quellen zu erklären[2]. Persönlich bin ich der Meinung, die christliche Gnosis stelle einen ernsthaften Versuch dar, die durch die Botschaft Jesu und der Apostel eröffneten theologischen Perspektiven weiter auszuziehen und einer systematischen Erörterung entgegenzuführen[3]. Diese Sicht soll hier kurz dargestellt werden.

Beginnen müssen wir mit Jesus. Wir wollen versuchen, uns die Hauptelemente seiner Botschaft und seines Wirkens zu vergegenwärtigen. Dabei kommt uns das einhellige Zeugnis der drei ersten Evangelien zu Hilfe. Danach gipfelte Jesu Verkündigung in der Proklamierung der nahenden, in ihm verwirklichten Gottesherrschaft: »Die Gottesherrschaft, das Reich Gottes, das Himmelreich, ist nahe herbeigekommen«, so rief er aus, und sein Handeln bewies, daß dies nicht leeres Gerede war. Und worin bestand für Jesus die Gottesherrschaft? Wiederum sind die Texte durchaus klar und eindeutig: für Jesus war die Gottesherrschaft die wirkende Gegenwart eines liebenden, gütigen, fürsorglichen Vaters, seines, »unseres Vaters im Himmel«. »Überlegt euch nicht sorgenvoll: was sollen wir essen? was sollen wir trinken? womit sollen wir uns kleiden? ... Euer himmlischer Vater weiß doch, daß ihr dies alles braucht. Verlangt in erster Linie nach der Herrschaft Gottes und seiner Gerechtigkeit ...« (Mt 6,31–33).

Für Jesus hatte nun aber die liebevolle Herrschaft des himmlischen Vaters höchst wichtige Konsequenzen. Sie schloß nämlich ein, daß der Wille dieses Gottes für die Menschen, sein Gesetz, zusammengefaßt war in dem einen, radikal alles dominierenden Liebesgebot. Freilich haben gelegentlich auch jüdische Gelehrte, Pharisäer, im Liebesgebot das Zentrum des alttestamentlichen Gesetzes erblickt (wie auch der Schriftgelehrte in Lk 10,27 f); aber sie haben aus dieser Einsicht nie die Folgerungen zu ziehen gewagt, die sich Jesus aufdrängten. Für Jesus galt es nämlich unwiderruflich: wer Gott und die Menschen wirklich liebt, und zwar tätig liebt, und nicht nur die Freunde, sondern auch die Feinde (Mt 5,43–48), der erfüllt, indem er liebt, alle Gebote des ganzen Alten Testaments. Die jüdischen Gelehrten hingegen haben sich in mühevoller Kleinarbeit den einzelnen Geboten zugewandt. Sie haben sie ausgezählt und sind auf die Zahl 613 gekommen: 365 Gebote und 248 Verbote. Diese 613 schriftlich fixierten Paragraphen haben sie noch ergänzt durch andere, die nach ihrer Überzeugung seit den Tagen des Sinaigeschehens mündlich tradiert worden waren. Das ergab mit der Zeit eine stattliche Paragraphensammlung, die es zu kennen und zu respektieren galt. Das Studium und die sorgfältige Beachtung dieses umfassenden Gesetzes war zwar für die Pharisäer eine Freude; aber diese Freude hob die Zersplitterung des Gotteswillens in zahlreiche Einzelvorschriften nicht auf.

Diese Deutung der alttestamentlichen und jüdischen Tradition hat Jesus radikal in Frage gestellt. Als minutiös zu befolgende Paragraphensammlung war für ihn das Gesetz im Liebesgebot nicht nur zusammengefaßt, sondern aufgehoben: »Ihr habt gehört, daß zu den Alten gesagt wurde: Du sollst nicht ...; du sollst nicht ...; du sollst ... Ich aber sage euch ...« (Mt 5, 21–48). Er ist zwar nicht gekommen, das Gesetz abzuschaffen (Mt 5, 17); wer aber durch die Liebe das Gesetz erfüllt, der braucht sich nicht mehr um die Paragraphen zu kümmern. Augustin hat Jesu Botschaft sehr wohl verstanden, als er sagte: »Übe Liebe, und tue was du willst« *(ama et fac quod vis).* Dies war genau Jesu Meinung: wer liebt – Gott, den Mitmenschen, den Feind ... –, der erfüllt in jedem Fall Gottes Willen, auch wenn er keinen einzigen der 613 schriftlichen Paragraphen kennt. Damit blieb das Gesetz zwar bestehen; aber es hatte in seinen Einzelheiten seine Bedeutung verloren.

Hand in Hand mit der Radikalisierung des Liebesgebotes geht für Jesus die Vergebung der Sünden. Das Liebesgebot ist ja nichts anders als Ausdruck der Liebe, die Gott selber schenkt. Den Menschen gegenüber kennt der liebende Gott keinen Groll: er ist bereit zu vergeben. Als man einen Gelähmten zu Jesus brachte, in der Hoffnung, er werde ihn von seinem Leiden befreien, sagte Jesu nur: »Deine Sünden sind dir vergeben« (Mk 2, 1–12 und Par.). Erstes Anliegen Jesu ist es, den Menschen von Sünde und Schuld, und vor allem auch von Schuldgefühlen, zu erlösen. Die körperliche Heilung kommt dann hinterher, beinahe als Anhängsel, und zwar lediglich als Beweis für die Tatsache der eigentlichen Heilung: der Befreiung vom Zwang, begangene Fehler und gegenwärtiges Versagen mit sich herumzuschleppen. Der liebende Vater ist frei, und er will freie, liebende Menschen, nicht Sklaven von Paragraphen und den dadurch bewirkten Schuldgefühlen.

Ein liebender, verzeihender Vater im Himmel; ein einziges, alles beherrschendes Liebesgebot; und vor allem: Befreiung: dies war, auf den kürzesten Nenner gebracht, die Botschaft von der angebrochenen Gottesherrschaft, die Jesus seinen Mitjuden vorlebte. Mit dieser Botschaft mußte er unweigerlich bei den führenden Köpfen seines Volkes – den Theologen und Juristen – Anstoß erregen. Der Konflikt war unvermeidlich, und er hat ihm auch das Leben gekostet. Denn für die jüdischen Gelehrten gab es nichts Heiligeres als eben das Gesetz mit seinen 613 schriftlichen Geboten und Verboten und der ganzen mündlichen Tradition. Dieses umfaßende Gesetz versuchten sie zu verstehen. Seine mannigfaltigen Anwendungsbereiche und Modalitäten versuchten sie immer sorgfältiger und möglichst präzis zu bestimmen. Man kann ihnen den Ernst ihrer Unternehmung nicht absprechen. Man darf auch ruhig zugeben, daß ihnen bei ihrer Arbeit viele glückliche Entdekkungen und schöne Formulierungen gelungen sind. Aber Jesus hatte grundsätzlich für diese Kleinarbeit kein Verständnis. Seine Botschaft von der befreienden Liebe Gottes stellte ja alles in Frage: das Forschen nach dem Sinn der Paragraphen, wie auch die Paragraphensammlung selber. Das ausgearbeitete Gottesgesetz hatte keine Funktion mehr. Es war »den Alten« gesagt worden und wies auf Neues hin. Für die jüdischen Gelehrten war die Einstellung Jesu nichts anderes als Gotteslästerung. Denn indem Jesus das Paragraphengesetz abwertete und eigenmächtig korrigierte, verging er sich *ipso facto* an der Autorität des Gesetzgebers, d. h. des gesetzgebenden Gottes.

Genau dies ist in der Tat das »Anstößige« an der Verkündigung Jesu: so wie das radikale Liebesgebot dem Paragraphengesetz übergeordnet ist und es als vorläufig, nunmehr überholt erweist, so scheint der liebende Vatergott dem alttestamentlichen Gesetzgeber übergeordnet zu sein und dessen Funktion als überholt zu erweisen. Diesen scheinbaren Gegensatz, der genauer zu bestimmen ist als hierarchische Unterordnung des Gesetzgebers unter den himmlischen Vater, gilt es festzuhalten. Die Deutung dieses Gegensatzes ist nämlich der Hauptgegenstand der genostischen Theologie.

Nun ist es weiter interessant zu sehen, wie Jesus sich mit den jüdischen Gelehrten auseinandersetzt und wie die Evangelisten diese Auseinandersetzung berichten. »Wehe euch«, so herrscht Jesus seine Gegner an, »da ihr vor den Menschen das Himmelreich (=die Gottesherrschaft) verschließt; ihr selber kommt nicht hinein, und ihr erlaubt denen nicht hineinzugehen, die hineingehen«. So lesen wir bei Matthäus (23,13). Die exegetische und juristische Arbeit der Gelehrten an den Texten des alttestamentlichen Gesetzgebers verschließt die Tür zum »Himmelreich«, d. h. zur Herrschaft des Vaters im Himmel«. Wo man sich um den Willen des Gesetzgebers müht, kann der Vater nicht herrschen. – Dieses Jesuswort lautet bei Lukas bezeichnenderweise anders: »Wehe euch, ihr Juristen, da ihr den Schlüssel zur Erkenntnis *(gnôsis)* geraubt habt; ihr seid nicht hineingegangen und hält diejenigen zurück, die hineingehen» (Lk 11,52). Es handelt sich offensichtlich um dasselbe Jesuswort. Was aber bei Matthäus als »Himmelreich« erscheint, wird bei Lukas »Gnosis« genannt. »Ins Himmelreich eingehen« heißt bei ihm »in die Gnosis eingehen«. Für Lukas jedenfalls hangen »Himmelreich« und »Gnosis« irgendwie zusammen. Man kann »Himmelreich« als »Gnosis« deuten. Das »Himmelreich« hat mit »Erkenntnis« zu tun. Trotz ihrer Ehrfurcht vor dem Gesetz und dem göttlichen Gesetzgeber, oder gerade wegen dieser Ehrfurcht, haben die Gelehrten weder Zugang zum Himmelreich, noch – das ist in unserem Zusammenhang wichtig – Zugang zur Erkenntnis, zur Gnosis. Juristische Bemühung um Gesetz und Gesetzgeber einerseits und »Erkenntnis« andererseits sind sich gegenseitig ausschließende Gegensätze.

Die Jünger Jesu hingegen haben nicht nur Zugang zum Himmelreich, sondern auch zur richtigen Gnosis. Jesus sagt ihnen nämlich: »Euch ist es gegeben, die Geheimnisse des Himmelreiches zu *erkennen*, nicht aber den andern« (Mt 13,11 par.). Das Himmelreich, die Gottesherrschaft, ist voller Geheimnisse, und von diesen Geheimnissen haben die Jünger Gnosis, Erkenntnis.

Hier tut sich eine Kluft auf, die die von Jesus ausgelöste Bewegung zu zerreißen drohte. Der in den eben zitierten Evangelienstellen aufklingende Streit durchzieht nämlich die ganze Geschichte der ältesten Christenheit. Es ist die Auseinandersetzung zwischen »Erkenntnis der Geheimnisse des Himmelreichs« und wortgetreuem Respekt vor dem überlieferten Gesetz und dem göttlichen Gesetzgeber. Wie weit galt das Gesetz noch, war man also dem Gesetzgeber Gehorsam schuldig? War es ganz abgeschafft oder nur teilweise, oder mußten auch die Christen sich streng daran halten? Und wenn das Gesetz noch galt, wie war dann das Verhältnis zwischen Gesetzgeber und himmlischem Vater zu definieren?

Die Unklarheit über die Geltung des Gesetzes zog Unklarheit über die Autorität des Gesetzgebers nach sich. Und hier stand man vor einer entscheidend wichtigen Frage: Der alttestamentliche Gott galt ja nicht nur als Gesetzgeber, sondern vor allem auch als Schöpfer der Welt und des Menschen. Es schien, als hätte er die Menschen und die Welt zu dem einzigen Zweck geschaffen, ihnen sein Gesetz aufzuerlegen. Was könnte sonst als Zweck der Schöpfung angenommen werden? Wird nicht das Ergehen der Menschen bestimmt von der Beziehung zum Gesetz? Gehorcht der Mensch, so geht es ihm gut; widersteht er, so läßt der Schöpfer ihn und die Schöpfung ins Verderben fallen. Schon im dritten Kapitel des ersten Buches der Tora werden ja Mensch, Tier und Erdreich mit Flüchen belegt, nur darum, weil die ersten Menschen das Gebot des Schöpfers überschritten haben (Gen 3). Warum hat der Schöpfer dem Menschen sein Gesetz aufgezwungen und ihn in Schuld fallen lassen, um ihn hinterher zu strafen? Und wie ist es zu verstehen, daß er zuerst das Gesetz gab, 613 schriftliche Paragraphen und dazu eine umfassende mündliche Tradition und nachher Jesus sandte, um die »Geheimnisse des Himmelreichs« zu offenbaren und vom Gesetz zu befreien? War nicht das Unglück ausgerechnet deswegen über die Menschen gekommen, weil sie entgegen dem Verbot des Schöpfers vom »Baum der Erkenntnis« aßen? Wer ist überhaupt der Schöpfer und Gesetzgeber, wenn man die Sache im Licht der »Erkenntnis der Geheimnisse des Himmelreichs« besieht?

Natürlich konnten die ersten Christen, die aus einer jüdischen Umwelt kamen, an einen jüdischen Heiland glaubten und von diesem jüdischen Heiland in die »Geheimnisse des Himmelreichs« eingeführt worden waren, die jüdische Bibel, das »Gesetz und die Propheten«, nicht einfach beiseite schieben. Sie betrachteten diese Schriften als heilige, ihnen als Weisung anvertraute Texte. Sie mußten das alttestamentliche Zeugnis vom Schöpfer und seinem erklärten Willen stehen lassen, es irgendwie in ihre Schau von der Herrschaft des himmlischen Vaters einreihen. Wenn es eine Antwort gab auf die drängenden Fragen um Schöpfung, Gesetz und Schöpfergott, dann konnte sie sich nirgendwo anders finden als in den überkommenen Schriften. Das Gesetz und die Propheten mußten also neu gelesen und interpretiert werden, und zwar streng im Lichte der »Erkenntnis der Geheimnisse des Himmelreichs«. Der Aufgabe, die Lösung der Probleme zu finden und zu formulieren, haben sich die sogenannten »Gnostiker«

unterzogen. Mit Ernst und Redlichkeit. Die Gnostiker zählen mit zu den ersten christlichen Exegeten und Theologen.

II. Die altchristliche Gnosis

Die Gnostik ist durchaus keine einheitliche Bewegung. Es gab eine ganze Reihe beachtlicher gnostischer Theologen und daneben manche Äußerungen religiösen Lebens, die in die Richtung der Gnosis weisen, ohne daß ein ausgebildetes theologisches System zu erkennen wäre. Begonnen hat die Bewegung schon in neutestamentlicher Zeit, schon unter den ersten Jüngern und Anhängern Jesu[4]. Mehrere neutestamentliche Schriftsteller, z. B. Paulus und Johannes, scheinen religiöse Ansichten und Praktiken zu bekämpfen, die man als »gnostisch« oder «gnostisierend« bezeichnen kann[5]. Gleichzeitig aber bewegen sich die genannten Autoren selber sehr stark in denselben Bahnen. Vermutlich – wenn nicht sehr wahrscheinlich – ist ein Mann wie Paulus in manchem ein echter Wegweiser gnostischer Theologie gewesen.

Die gnostische Bewegung begegnet uns nicht nur in der Polemik der neutestamentlichen Autoren und in der ausführlichen, wenn auch sehr kritischen, Darstellung einiger Kirchenväter, der sog. Ketzerbestreiter. Sie ist auch bezeugt in einer Anzahl gnostischer Originalschriften, die vor allem in Ägypten, in koptischer Übersetzung, gefunden wurden. Von besonderer Bedeutung ist der im Jahr 1945 (oder 1946) bei Nag Hammadi in

Ober-Ägypten gemachte Fund einer ganzen »gnostischen Bibliothek«[6]. Diese Quellen haben die erstaunliche Mannigfaltigkeit gnostisch-theologischer Entwürfe ans Licht gebracht.

Den meisten dieser Entwürfe ist gemeinsam, daß sie sich nicht nur auf die Bibel stützen – zunächst vor allem auf das alttestamentliche Gesetz und die Propheten, dann aber auch auf neutestamentliche Schriften –, sondern zur Erläuterung ihrer Einsichten den ganzen Reichtum hellenistischer Religiosität und Philosophie zu Hilfe ziehen. Diese Erweiterung des Horizontes entsprach ja durchaus der durch Jesus verwirklichten Befreiung von den Zwängen des Buchstabenglaubens. Vor allem sind es die Gedankengänge platonisierender Weltschau, die von diesen Denkern als erhellend und für die Lösung ihrer Probleme förderlich erachtet wurden. In der platonischen Tradition fanden sich ja nicht nur Hinweise auf eine Art himmlischer, idealer Welt, sondern auch Aussagen über einen Schöpfergott. Solche und ähnliche Theorien konnten die Reflexion über den himmlischen Vater, den Schöpfer und das Gesetz nur vertiefen helfen. Denn um dieses eine Hauptproblem kreiste unaufhörlich das gnostische Denken: Wie ist es zu verstehen, daß Gott einerseits als Schöpfer und Gesetzgeber handelt (vor allem nach den Texten der Tora), und dann plötzlich als der liebende, gütige Vater Jesu Christi erscheint, der durch seinen Heiland die Menschen von der Sklaverei des Gesetztes befreit und ihnen die erlösende Erkenntnis bringt?

Ausgangspunkt gnostischen Theologisierens war die

»Erkenntnis«, die »Gnosis« des Himmelreiches. Zur Kennzeichnung des Himmelreiches des Vaters verwendeten diese Denker mit Vorliebe einen Ausdruck, der schon in der griechischen Übersetzung des Alten Testaments vorkommt: *Pleroma,* die »Fülle«. Der himmlische Vater ist »Fülle«, sagt auch das Neue Testament; und diese »Fülle seiner Gottheit« hat er in Christus wohnen lassen (Kol 1,19; 2,9). Darum nehmen die Christen, so betont das Neue Testament weiter, aus der »Fülle« Jesu Christi »Gnade um Gnade« (Joh 1,16), so daß die Kirche sich darstellt als »Fülle dessen, der alles in allen erfüllt« (Eph 1,23). Es erstaunt darum nicht, daß die gnostischen Theologen gerade diesen Begriff in den Mittelpunkt rückten und ihn bis in viele Verästelungen hinein entwickelten. Gnostische »Erkenntnis« ist Erkenntnis der wahren Dimensionen der »Fülle«.

Das Pleroma, die »Fülle«, besteht aus allen Attributen des »Vaters«, aus seinen ewigen, himmlischen Manifestationen und Wirkungsweisen. Seinem eigentlichen Wesen nach ist der »Vater« allerdings unendlich, unfaßbar, unnennbar, unbegreiflich, nicht zu erkennen – man kann ihn nur mit den symbolischen Namen »Vater«, »Geist«, »Licht« bezeichnen. In der »Fülle« aber wird das Unendliche differenziert, nennbar, und in seiner Unendlichkeit begrifflich fassbar. Die gnostischen Theologen lieben es, das innergöttliche, pleromatische Leben erzählend darzustellen. So berichten sie, wie die verschiedenen Attribute und Wirkungsweisen entstehen und sich zueinander verhalten[7]. Das ist »narrative« und gleichzeitig auch tief kontemplative Theologie.

Man beobachtet, wie aus dem »inneren Gedanken« des »Geistes« die göttliche »Energie« und das göttliche »Vorherwissen« hervorkommen, wie sich weiter »Vor-Erkenntnis«, »Unvergänglichkeit« und »Ewiges Leben« dazugesellen, wie sich »Intellekt«, »Wille« und »Wort« bilden und wie schließlich noch weitere zwölf Attribute, worunter »Gnade«, »Einsicht«, »Wahrheit«, »Klugheit«, »Liebe«, »Vollkommenheit«, »Friede« und »Weisheit« das Pleroma vollenden. Innerhalb dieses Pleromas spielen weiter der »Sohn« oder »Christus« und der »Heilige Geist« eine wichtige Rolle, und ebenso die Figur des »Urmenschen«.

Wir stehen also vor einem eindrücklichen Versuch, das Göttliche in seiner Fülle zu erkennen und zu denken. Die väterliche Wirklichkeit umschließt nicht nur die Gegensätze von undifferenziert und differenziert, unbedingt und bedingt, unentstanden und »entstanden« usw., sondern auch die mannweibliche Komplementarität. Die wichtigsten unter den göttlichen Attributen oder »Aeonen« sind nämlich entweder androgyn oder erscheinen paarweise, sowohl männlich als weiblich. Komplementarität und Überbrückung der Gegensätze gehören wesenhaft zur göttlichen »Fülle«.

Es entspricht dieser ganzheitlichen, »holistischen« Sicht des göttlichen Pleromas, daß auch das Böse, Negative, virtuell bereits in ihm enthalten ist. Zwar ist das Pleroma zeitlos ruhig, still, trotz innerer Bewegung harmonisch, in sich vollkommen und lichtvoll ausgeglichen. Aber weil es alle Gegensätze überbrückt, wirkt heimlich in ihm neben der ewigen Ruhe auch die in die Zeit sich auswirkende Unruhe. Und diese Unruhe ist es, die Schuld trägt an der Entstehung der Welt und der die Welt regierenden Gesetze.

Über die Aktivierung der im Pleroma virtuell vorhandenen negativen Kräfte der Unruhe gibt es in den Quellen verschiedene Berichte. In dem Text, dem wir bisher gefolgt sind (dem sog. *Apokryphon des Johannes*), wird erzählt, das Element der schöpferischen Unruhe habe wesensmäßig zum letztgenannten Attribut des Pleromas gehört, zur göttlichen »Weisheit«, griechisch *Sophia.* Schon nach alttestamentlicher Überzeugung ist ja »Weisheit« an der Erschaffung, Erhaltung und Regierung der Welt beteiligt (vgl. Sprüche, Kap. 8). Für die Gnostiker war es die eigentliche Bestimmung der »Weisheit«, zu produzieren, aus sich heraus zu gebären, zu schaffen. Und das tat sie denn auch. Unsere Quellen betonen einerseits, dies Gebären sei »durch den Gedanken des Geistes und der Ersten Erkenntnis« erfolgt, bzw. »im« Gedanken dieser pleromatischen Größen; andererseits meinen sie aber auch, der männliche Partner der weiblichen Sophia sei dabei nicht beteiligt gewesen[8)]. So gebar die »Weisheit« gewissermaßen eigenmächtig, weil es so in ihrem Wesen begründet war, eine männliche, unansehnliche Gestalt. Diese Gestalt ist also Ausfluß des Pleromas, darum mit dem Pleroma substantiell verbunden – gewissermaßen die nach außen gekehrte innere Unruhe des Pleromas –, aber unansehnlich, unvollkommen, und vor allem: ihrer Herkunft und Zugehörigkeit nicht bewußt.

Der Sohn der »Weisheit« begann gleich nach seiner

Geburt, sich als Gott und Herrn aufzuspielen. Er ist unter mehreren Namen bekannt, z. B. Yaldabaoth (Deutung umstritten; vielleicht einfach »Sohn«, *yaldà*, mit einer magischen Endung[9]), oder auch Sakla, »Tor«. Ein »Tor« ist er vor allem darum, weil er sich als höchsten, einzigen Gott wähnt (»Ich bin der Herr und keiner sonst«, sagt er, Jes 45, 5 zitierend) und nichts weiß über die Existenz des Pleromas zu dem er selbst letztlich gehört. Er machte sich denn auch sofort daran, sich ein Reich aufzubauen, mit vielen Engeln, Archonten (»Herrschern«) usw. Auch schuf er den Menschen, und zwar nach einem Bild des pleromatischen Urmenschen, das ihm im Wasser erschien.

Für die gnostischen Theologien stellt sich natürlich die Frage, wie das schöpferische Werk Saklas zu beschreiben sei und woher man es kenne. Darauf gab es für sie nur eine Antwort: aus der Bibel! Aus der Tora, d. h. den ersten Kapiteln des ersten Buches Mose. So haben sie den Sakla, den Sohn der »Weisheit«, kurzerhand geschildert mit den Farben des Alten Testamentes. Sakla ist der Schöpfer der Welt und des Menschen von dem in der Bibel die Rede ist, und damit ist er auch der Gesetzgeber. Er ist es, der seine Geschöpfe unter das Joch des Gesetzes zwingt und sie zu seinen und des Gesetzes Sklaven macht. Er ist es, der als Autor für die 613 schriftlichen Gebote und Verbote, wie auch für die mündliche Überlieferung, verantwortlich zeichnet. Er ist es, der die Menschen in Schuld fallen läßt und sie bestraft. Er ist es auch, der nicht will, daß sie »vom Baum der Erkenntnis essen«.

Halten wir einen Augenblick inne und versuchen wir, das Gesagte zusammenzufassen und neu zu formulieren. Für die gnostischen Theologen stellte sich die Aufgabe, im Lichte der Offenbarung des himmlischen Vaters und seiner von Jesus verkündigten Herrschaft der Liebe, die Funktion des alttestamentlichen Schöpfergottes und seines Gesetzes zu bestimmen und das Wesen der Schöpfung klarzulegen. Ihre Antwort ist eindeutig: der Schöpfergott gehört wesensmäßig zum Pleroma; denn er ist aus ihm entstanden. Er ist die Verwirklichung der im Pleroma potentiell immer vorhandenen Elemente von Unruhe, Aktivität, Begrenzung und Irrtum. Darum wird er vom Pleroma zwar nicht verleugnet (das Pleroma wird sich weiterhin um ihn und seine Schöpfung kümmern), aber doch ausgestoßen. Er befindet sich »außerhalb«, bzw. »unterhalb« des Pleromas. Er gehört zwar zum Pleroma des Vaters, aber in strenger hierarchischer Unterordnung. Er ist eine häßliche Ausgeburt des Pleromas.

Es ist wichtig, die Struktur dieser Theologie genau zu erfassen. Man spricht sehr oft von einem »gnostischen Dualismus«. Besser wäre es, das gnostische Denken als »hierarchisch strukturierten Monismus« zu bezeichnen. Das göttliche Pleroma und der Sohn der pleromatischen »Weisheit« bilden eine einzige göttliche, in sich vielfach strukturierte Wesenheit. Beim genaueren Zusehen zeigt sich auch, daß bereits das eigentliche, obere Pleroma in sich hierarchisch gegliedert ist. Auf der untersten Stufe dieser Hierarchie steht, in einem eigenartigen Zwielicht, der Sohn der »Weisheit«, d.h. der

Gott der Schöpfung, des Gesetzes – und des durch Schöpfung und Gesetz verursachten Leidens.

Worin besteht nun die Erlösung? Darin, daß Jesus, der Sohn, herabkommt von den höchsten Stufen des Pleromas und den Menschen die befreiende *Erkenntnis* bringt, die *Gnosis*. Diese Erkenntnis läßt sie bewußt werden, daß sie ja auch »Kinder des himmlischen Vaters« sind, d. h. zum göttlichen Pleroma gehören. Sakla, der Schöpfergott, konnte ja nur den Körper schaffen. So heißt es ausdrücklich in der biblischen Erzählung von der Erschaffung des Menschen (Gen 2): der Mensch habe dagelegen als eine leblose materielle Gestalt, bis ihm der Schöpfer den Geist einhauchte – und dieser Geist komme aus dem Pleroma; denn das Pleroma ist »Geist«. Überdies sind nach gnostischen Texten die Menschen im Pleroma vorgebildet und bereits im vorgeschöpflichen Pleroma enthalten. Durch das Werk des Schöpfergottes sind die Menschen ihrer eigentlichen Natur entfremdet; die *Gnosis* läßt sie ihr eigentliches Wesen erleben, und dadurch werden sie frei.

Durch Jesus erhält der Gnostiker demnach eine »Erkenntnis« besonderer Art. Sie ist nicht Gelehrsamkeit, nicht ein Wissen, das die Wahrheit in Sätze fassen könnte, um sie dann mit Argumenten und logisch entwickelten Beweisen zu verteidigen. Gnosis ist Erleben. Erleben der inneren Zugehörigkeit zum pleromatischen Reich des himmlischen Vaters, existentielle Beteiligung an den »Geheimnissen des Himmelreichs«. Weil es in der Gnosis nicht um »Wissen« geht, verfügt der gnostische Theologe in der Formulierung der Lehre über eine außergewöhnliche Freiheit. Die hierarchische Unterordnung des Schöpfergottes unter den »Vater« ist nicht ein Dogma, sondern eine in der gnostischen Befreiung erlebte Tatsache. Es gibt darum keine gnostische »Orthodoxie«. Freiheit ist alles, Freiheit im pleromatischen Sein. Sobald die Befreiung erlebt ist, können ihre Bedingungen auf vielerlei Weisen formuliert werden. Denn alles, was man sagt, ist im besten Fall immer nur Hilfe zu neuem Erleben der Wahrheit. Gnosis ist immer erneutes Aufsteigen zu den höchsten Wesenheiten des pleromatischen Systems. Gnosis ist mystisches Leben in der Fülle göttlichen Lebens. Gnosis ist beglückendes, heiliges Sein in der Freiheit des ursprünglichen, wahren Seins. Der Gnostiker hat die Quelle des wahren Seins entdeckt und lebt aus und in dieser Quelle.

Dank seines Erlebens erkennt der Gnostiker auch den – für ihn – wahren Sinn der Tora und der übrigen Heiligen Schriften. Er treibt darum mit Eifer Bibelexegese. Aber in seiner Freiheit fühlt er sich nicht an die Bibel gebunden. Ausdruck der Wahrheit sind ihm auch die griechische Literatur, z.B. Homer oder die Werke Platos, oder auch ägyptisch-hellenistische Weisheitstraditionen (die sog. »hermetischen Schriften«). Er selber erfindet immer neue Symbole, um sein Erleben andern mitzuteilen. Das Wesentliche liegt ja nicht an der Formulierung – diese kann unendlich variieren! –; das Wesentliche liegt im gnostischen Sein und Leben. Das gnostische Sein gibt Sicherheit und innere Freiheit. Darum haben schon Paulus und nach ihm die Kirchenväter die Gnostiker als »aufgeblasen« empfunden, als Wichtigtuer, als Leute, die sich hochmütig der kirchlichen Autorität entziehen (ef 1. Kor 8,1).

Im zweiten Jahrhundert waren es infolgendessen die etablierten Autoritäten der Kirche, die Bischöfe – allen voran Irenäus, Bischof von Lyon –, welche die Gnostiker als untragbar empfanden und vehement bekämpften. Dabei führten sie allerlei Argumente ins Feld. Die Gnostiker, so sagten sie, meinen, in der Fülle der göttlichen Wahrheit und des göttlichen Seins zu leben; dabei aber verachten sie die einzige Garantie der Wahrheitserkenntnis: die von den Aposteln den Bischöfen anvertraute wahre Lehre. Die Gnostiker legen keinen Wert auf die apostolische Sukzession der Bischöfe. Darum sind sie grundsätzlich im Irrtum befangen. – Außerdem behaupten die Gnostiker, im Gegensatz zu Jesus selbst, die Welt sei von einem untergeordneten Schöpfergott geschaffen, nicht von der höchsten Gottheit, dem Vater. Darum haben die Bischöfe ihr wahres Wissen zusammengefaßt, indem sie bekannten: »Wir glauben an Gott den Vater, den allmächtigen Schöpfer des Himmels und der Erde«. Der Vater selber ist der Schöpfer, nicht jene Ausgeburt des Pleromas, Yaldabaoth oder Sakla geheißen. – Und schließlich haben die Gnosisbekämpfer allerlei Greuel berichtet über angeblichen Libertinismus ihrer Gegner. Dabei haben sie ganz eindeutig den gnostischen Freiheitsbegriff mißverstanden und in sein Gegenteil umgebogen; denn gnostische, pleromatische Freiheit ist Freiheit in absoluter Reinheit und Heiligkeit. Das geht aus den gnostischen Originaltexten klar hervor.

So wurden die Gnostiker zu »Häretikern« und aus der bischöflichen Kirche immer mehr hinausgedrängt.

Und doch nicht ganz hinausgedrängt. Ihr Anliegen blieb der Kirche im Grunde erhalten. Denn daß Gnosis im Neuen Testament eine Rolle spielt, in der Sammlung der inzwischen von der »offiziellen« Kirche als gültig anerkannten christlichen Schriften, das konnte kein christlicher Theologe bestreiten. Darum haben sich die Ketzerbekämpfer mit Vorliebe eines bestimmten neutestamentlichen Ausdrucks bedient, um die Natur der von ihnen abgelehnten Gnosis zu kennzeichnen. Im ersten Brief an Timotheus findet sich nämlich eine Polemik gegen die »fälschlich so genannte Gnosis« (1. Tim 6,20), gegen eine »Gnosis« also, die diesen Namen nicht verdient. Es gibt demnach »echte« und »falsche« Gnosis. Die »falsche« ist diejenige der gnostischen Theologen; die »echte« findet sich – so die Ketzerbestreiter – in der bischöflichen Tradition.

Schon vom Ende des zweiten Jahrhunderts an haben darum die Kirchenväter eine »echte«, wahre Gnosis entwickelt und versucht, das Bild des »wahren Gnostikers« zu zeichnen. Der wahre Gnostiker erlebt die Wahrheit nur durch ernstliches Bemühen um innere Reinigung. Er ist ein Weiser, der dank eines strengen, fast asketischen Lebens die Fähigkeit erlangt hat, die höheren Wahrheiten Gottes zu erkennen und in sich zu verwirklichen. Im wahren Gnostiker lebt Christus, und durch Christus ist er in die göttliche Fülle aufgenommen. Man darf feststellen, daß sich die »wahre« Gnosis von der »falschen« nur dadurch unterscheidet, daß sich der Gnostiker der bischöflichen Autorität unterordnet und die »häretische« Erklärung von Schöpfung und Gesetz verwirft. Dem Wesen nach geht es bei aller christlichen Gnosis um dasselbe Erleben: um die durch Jesus Christus vermittelte mystische Aufnahme in die göttliche Fülle, ins *Pleroma.*

Zur Illustration möchte ich hier nur kurz hinweisen auf einen orthodoxen Gnostiker. Einer der ganz großen Theologen der alten Kirche, Maximus Confessor (580–662), äußert sich wie folgt über die wahre Gnosis:

> »Wer dank des göttlichen Geistes die Gestalt des Intellekts verwirklicht hat (d. h. die Gestalt des *noûs,* der gottähnlichen Seinsform, die ihn mit Gott verbindet), nämlich die *Gnosis,* die Furcht der Tugenden, von dem sagt man, er erfahre das Göttliche. Er hat ja die Gnosis nicht naturhaft erlangt, als etwas schon in ihm Vorhandenes, sondern als etwas, an dem er Anteil bekommt. Wer aber die Gnosis nicht aus Gnade erlangt hat, der erfährt nicht die Kraft von dem, wovon er spricht, auch wenn er etwa Gnostisches sagt. Bloßes Lernen führt nicht zu *erlebter, existentieller Gnosis*«[10].

Daß Gnosis erstrebt werden muß, daß sie nicht naturhaft im Menschen liegt, und daß sie letztlich aus Gnade geschenkt wird, ist auch die Auffassung der häretischen Gnostiker. Und wie diese nehmen auch die orthodoxen Gnostiker an, es gebe im Menschen etwas, was ihn zum vornherein zur Erkenntnis des Göttlichen befähigt. Bei den ersteren ist es die Inwohnung des Pleromas im geschöpflichen Körper; bei den letzteren der *noûs,* der reine, gottähnliche (allerdings in Ähnlichkeit Gottes nur geschaffene) Intellekt. Bei beiden aber ist es eine Intervention des Göttlichen – des Heiligen Geistes,

Jesu selber –, die dem Menschen zur Verwirklichung der intellektuellen oder rein geistigen Daseinsform, und damit zum Erfahren des Göttlichen, zur *Gnosis* verhilft.

In zahlreichen Aussprüchen hat Maximus Confessor die Beziehung zwischen Intellekt *(noûs)* und *Gnosis* näher bestimmt. Ich zitiere hier noch ein weiteres Beispiel:

> »Die praktische Philosophie (d. h. die Anweisungen zur Reinigung des *noûs*) stellt den »Praktiker« (d. h. denjenigen, der sich um diese Reinigung bemüht) über die Leidenschaften. Die »Theorie« aber (d. h. die »Schau«) stellt den »Gnostiker« über die sichtbaren Dinge, indem sie den Intellekt zu den diesem verwandten, geistig wahrnehmbaren Dingen hinaufführt«[11].

»Praxis« und »Theorie«, d. h. reinigende Askese und gnostische Schau, sind zwei Stufen in der Laufbahn des – hier: orthodoxen – Gnostikers. – Zur weiteren Erläuterung dieses Aufstiegs nimmt Maximus Confessor gerne, wie schon seine Vorgänger, das Bild von der »Gewitterwolke« in Anspruch, in welcher nach Exodus 20,21 Mose auf dem Berg Sinai verschwunden ist:

> »Die Gewitterwolke ist der ungeformte, nicht materielle, unkörperliche Zustand nämlich die Gnosis, welche die Urbilder der seienden Dinge kennt. Wer in diese Wolke hineinkommt, gleichsam als ein anderer Moses, der betrachtet, obwohl noch in einem sterblichen Körper, die unsterblichen Dinge»[12].

Hier kommt das platonische Erbe auch der orthodoxen Gnosis zum Tragen. Gnosis ist, nach Maximus Confessor, ein »unkörperlicher Zustand«, in welchem der Gnostiker – obwohl noch mit einem materiellen, jetzt aber vergessenen Körper versehen – die nur geistig wahrnehmbaren Urbilder der sichtbaren Phänomene betrachtet. Gnosis erscheint also ausdrücklich nicht als ein Wissen, sondern als ein Erleben und als existentielles Betrachten der geistigen, höheren Welt.

Auch der in der häretischen Gnosis so wichtige Begriff des *Pleromas* spielt naturgemäß bei Maximus Confessor eine Rolle:

> »In Christus, der Gott ist und Wort des Vaters, wohnt das ganze Pleroma Gottes wesensmäßig und körperlich. In uns aber wohnt das Pleroma der Gottheit aus Gnade; unter der Bedingung, daß wir in uns alle Tugend und Weisheit vereinigen und es in keiner Weise, so weit dies einem Menschen möglich ist, an der Nachahmung des wahren Vorbildes (d. h. Christi) fehlen lassen. Das Pleroma der Gottheit besteht aus verschiedenen geistig zu schauenden Dingen; es wohnt grundsätzlich nicht ohne Ähnlichkeit in uns«[13].

Da die Einwohner des Pleromas im Menschen der wesenhaften Einwohnung in Christus, dem Gott und Wort des Vaters, ähnlich ist, muß der für diese Einwohnung bestimmte Mensch sich alle Mühe geben, Christus ähnlich zu werden. Wichtig ist hier auch, daß die »Fülle« Gottes nicht als platte Einheit aufgefaßt wird, sondern – ähnlich wie in der häretischen Gnosis – als eine geistige Vielfalt.

Diese allzu knappen Hinweise auf die Entwicklung der altchristlichen Gnosis müssen genügen. Wir haben gesehen, wie Gnosis von Anfang an sich darin entfaltete, daß der Gnostiker die »Geheimnisse des Himmelreichs« erlebend, existentiell, »erkannte«. Es stellte sich dann die drängende Frage, wie das Nichtwissen, die Verblendung, das Leiden in einer dem Himmelreich nicht entsprechenden materiellen Welt – in einem Wort: das Böse – zu erklären sei. Viele Gnostiker versuchten das Problem zu lösen, indem sie – sich auf das Alte Testament und insbesondere die Tora stützend – die Entstehung der materiellen Welt und ihrer Gesetze einer im göttlichen Pleroma virtuell enthaltenen und später aktiv gewordenen »negativen« Kraft zuschrieben. Von der bischöflichen Kirche wurden diese Gedankengänge als häretisch, ketzerisch, ausgeschieden. Nach ihrer Überzeugung konnte das Böse in keiner Weise in Gott selber vorgebildet sein. Gott der Vater selber war ja der gute Schöpfer einer guten Welt. Damit wurde die Existenz des Negativen, des Bösen, des die Wahrheit Gottes leugnenden Nichtwissens, zu einem unlösbaren Problem. Man glaubte, einen Ausweg zu finden, indem man mit dem »Fall« eines Geschöpfes rechnete, Luzifers, zum Beispiel, der, zum Teufel geworden, die Menschen ins Unglück stürzte. Man versuchte, in diesem Sinne die Geschichte vom Sündenfall (Gen 3) zu interpretieren. Dabei blieb unerklärt, wie der gute Engel plötzlich böse werden konnte. Auch schrieb der Volksglaube dem Teufel eine Macht zu, die ihn praktisch zu einem zweiten Gott, einem Gegengott, werden ließ.

III. Gnosisversuche der Neuzeit

Gnostische Bewegungen und Erscheinungen hat es im Laufe der Kirchengeschichte immer gegeben. Gnostik ist weitgehend mit Mystik identisch, und darum sind

Mystiker in gewissem Sinne auch Gnostiker. Zwar hat das lateinische Christentum den griechischen Ausdruck *gnôsis* nicht übernommen und zog es vor, von *contemplatio, unio mystica* und dergleichen zu sprechen. So blieb für das Bewußtsein der westlichen Christenheit der Terminus »Gnosis« ausschließlich an der als häretisch ausgeschiedenen Gnosis haften. Wenn man heute von »Gnosis« reden hört, denkt man nicht an Maximus Confessor und seine Gesinnungsgenossen, sondern an jene frühen Gnostiker, die von Irenäus und anderen als Irrlehrer bekämpft wurden.

Wenn man also heute von »Neugnosis« spricht, dann meint man meist ebenfalls Lehren, die im Widerspruch stehen zur überlieferten Kirchenlehre. Unter dem Ausdruck »Neugnosis« werden vor allem die geistigen Strömungen zusammengefaßt, die einen engen Zusammenhang behaupten zwischen dem Absoluten, oder Gott, und dem eigentlichen Wesenskern des Menschen. Denn darum geht es in der Tat in aller Gnostik: daß der Mensch sich verbunden fühlt oder eins weiß mit dem letzten Grund aller Erscheinungen.

Das fundamentale Prinzip der Einheit oder engen Verwandtschaft von Weltgrund und innerstem Sein oder Seelengrund des Menschen kann man auf mancherlei Weise formulieren: in religiös-theologischer, philosophischer, oder auch naturwissenschaftlicher Sprache. Es gibt darum religiöse Gnosis, philosophische Gnosis, und wissenschaftliche Gnosis. Oder auch pseudowissenschaftliche, auf irgendwelchen geheimen Offenbarungen beruhende Gnosis.

Wer das Prinzip der Einheit oder engen Verwandtschaft von Weltgrund und Seelengrund des Menschen bejaht, ist gezwungen, das Vorhandensein der diesen Grund verhüllenden materiellen Welt zu erklären. Nicht nur muß die Außenwelt gedeutet werden – die äußere Natur, das Universum –, sondern vor allem auch der empirische Mensch mit seinem Leib und seiner Innenwelt, der Psyche. Alle Gnosis, sei sie nun religiös, philosophisch oder naturwissenschaftlich orientiert, bedarf darum einer Kosmologie und einer Anthropologie. Beide Gedankengebäude, Kosmologie und Anthropologie, sind auch tatsächlich immer vorhanden. Da heutzutage die materielle Welt vor allem naturwissenschaftlich durchforscht wird, verbinden neugnostische Lehren mit Vorliebe ihre grundlegenden gnostischen Aussagen mit wissenschaftlichen Theorien und Aussagen. Neugnosis gibt sich meist sehr »wissenschaftlich«, auch wenn in der Regel das gnostische Prinzip – die enge Zusammengehörigkeit, ja Identität, von absolutem, höchstem Weltgrund und innerstem Seinsgrund des Menschen – aus ganz andern Quellen fließt als aus wissenschaftlichen Laboratorien.

Seit ihrem Bekanntwerden in Europa und Amerika spielen, neben europäischen esoterisch-gnostischen Traditionen, auch nichtchristliche, vor allem indische und fernöstliche Religionen und Philosophien eine nicht geringe Rolle. Nicht etwa deswegen, weil die europäische Tradition den tiefsinnigen Intuitionen asiatischen Denkens nichts Gleichwertiges entgegenzustellen hätte – gerade die Beschäftigung mit der alten Gnostik und Mystik beweist ja das Gegenteil –, sondern weil das europäische Denken seit dem Ausgang des Mittelalters immer mehr in Bahnen gelenkt worden war, die entweder zu einem vordergründigen Materialismus oder zu einem ebenso oberflächlichen Individualismus und Historismus führten. Alles »Esoterische« wurde, weil »unseriös«, mit Verachtung beiseite geschoben. Philosophische, bewußt oder unbewußt an gnostisches Gedankengut anknüpfende Versuche – zum Beispiel im deutschen Idealismus des 19. Jahrhunderts – wurden entweder materialistisch umgebogen oder stillschweigend *ad acta* gelegt. Sogar die christliche Theologie konnte sich des Ansturms materialistischer und historisierender Tendenzen kaum erwehren und begann ihrerseits alles, was irgendwie nach Gnosis und Mystik roch, in den Hintergrund zu drängen oder gar (vor allem in der protestantischen Theologie) mit Abscheu von sich zu weisen. Und doch machte sich insbesondere in gebildeten Kreisen eine immer deutlichere Ablehnung des bloß verstandesmäßigen, vernünftigen, wissenschaftlich unterbauten dogmatischen Christentums bemerkbar. Je mehr so das offizielle Christentum als unbefriedigend oder überholt empfunden wurde, um so mehr boten natürlich hinduistische, buddhistische und daoistische Philosophien und Praktiken, mit ihrer Betonung der innersten Verwandtschaft oder Gleichheit von Weltengrund und Menschengrund, höchst willkommene neue Anregungen.

Neugnosis versucht darum, das versteckte und vergessene esoterische Erbe Europas neu zu beleben, es mit

Elementen asiatischer Spiritualität anzureichern und als universal gültig zu erweisen und alles, dem modernen Geschmack entsprechend, irgendwie wissenschaftlich zu untermauern.

Es ist unmöglich und wohl auch nicht nötig, im Rahmen dieses Beitrags alle in Frage kommenden Bewegungen neugnostischer Art zu erwähnen. Wir begnügen uns mit einigen wenigen Hinweisen[14)].

a) Die weitverzweigte *theosophische Bewegung* ist wohl das sprechendste Beispiel einer in der europäischen Esoterik verwurzelten, dann aber vor allem von indischen Lehren getragenen Form von neuzeitlicher Gnosis. Es soll nicht vergessen bleiben, daß es auch eine rein europäische *Theosophie* gibt, in den letzten Jahrhunderten etwa von einem Jakob Böhme (1575–1624) oder einem Emanuel Swedenborg (1688–1772) eindrücklich vertreten. Die speziell so genannte theosophische Bewegung indessen ging aus von spiritistischen und ähnlichen Praktiken, orientierte sich dann aber sehr stark an indischen, vedantistischen und buddhistischen Theorien, ohne die theosophischen Elemente auch anderer Religionen (z. B. der theosophisch interpretierten altägyptischen) zu vernachlässigen. Sie wurde gegründet im Jahr 1875 von der weitgereisten Russin Helena Petrowna Blavatsky (1831–1891), zusammen mit dem Amerikaner Henry Steel Olcott (1832–1907). 1877 veröffentlichte Frau Blavatsky ihr Hauptwerk: »Die entschleierte Isis«, die eigentliche »Bibel« der Theosophie. Dazu gesellte sich 1888 die »Geheimlehre«, ein weiteres wichtiges Dokument theosophischen Gedankengutes.

Im Jahr 1882 gelang es der Gesellschaft, in Adyar bei Madras ein großes, in seiner Ausstattung überaus eindrückliches Zentrum zu errichten. Dort hat später als Nachfolgerin von Frau Blavatsky die in mancher Hinsicht etwas zweideutige Annie Besant (1847–1933) als Leiterin gewirkt.

Grundanliegen aller Theosophie ist es, die Gegenwart und Wirksamkeit des Göttlichen in allen irdischen Erscheinungen zu erfassen und darüber hinaus schauend, erlebend, in höhere Dimensionen des Universums aufzusteigen. Das ist »Erkenntnis höherer Welten« – ein typisch gnostisches Bestreben. Dabei spielen die sog. Mahātmās eine große Rolle, die »aufgefahrenen Meister«, Glieder der »großen weißen Bruderschaft«, mit denen die initiierten Theosophen in Kontakt treten können. Die offiziellen Ziele der theosophischen Gesellschaften lassen sich ungefähr folgendermaßen zusammenfassen:

1. Den Kern einer universalen Bruderschaft zu bilden, ohne Rassen- und Glaubensunterschiede.

2. Das Studium der Heiligen Schriften der Arier zu fördern und die Bedeutung der brahmanischen, buddhistischen und zoroastrischen Texte zu erweisen.

3. In jeder Hinsicht die verborgenen Geheimnisse der Natur zu ergründen und insbesondere die geheimen seelischen und geistigen Kräfte des Menschen zu entwickeln[15].

b) Bekanntlich ist Rudolph Steiner (1861–1925), der Begründer der *Anthroposophie*, von der Theosophie ausgegangen. Er hat deren indisch inspirierte Anthropologie und Psychologie weitgehend übernommen, auch die Lehre vom *karman,* wobei er allerdings die Wiedergeburtslehre im griechisch-hellenistischen Sinn uminterpretierte (die Wiedergeburten dienen dem Aufstieg der Seelen, sind nicht einem unberechenbaren Schicksal unterworfen). Sein eigentliches Anliegen war dasjenige aller Theosophie, nämlich »zur Erkenntnis höherer Wirklichkeiten zu gelangen«. Im Unterschied zu andern theosophischen Richtungen steht jedoch bei ihm die Christuswirklichkeit im Zentrum des erlebenden Denkens. Darüber hinaus ließ er sich sehr weitgehend von der Theosophie Goethes belehren und verdankt ihr höchst bedeutsame Impulse. Vor allem aber hat Steiner den Primat des Geistes in Natur und Menschenleben verteidigt und aus dieser Sicht der Dinge wichtige Grundsätze für Erziehung und künstlerisches Schaffen abgeleitet. Es ist bezeichnend und gibt zu allerlei Überlegungen Anlaß, daß die auf dem Primat des Geistes beruhende Pädagogik der Steinerschen Schule heute immer mehr Anklang findet.

c) Als neugnostisches Phänomen, das sehr alt sein wollende Offenbarungen und Geheimtraditionen vertritt und sich zugleich auf »wissenschaftliche« Forschungen stützt, ist die *Rosenkreuzerbewegung* zu beurteilen. Entstanden im 17. Jahrhundert aus einer tiefsinnigen Verbindung von Theologie, neuplatonischer Philosophie, hermetischer Esoterik und alchemistischem Geheimwissen, hat auch sie sich vielfach verzweigt und präsentiert sich heute als eine Mehrzahl von zum Teil konkurrenzierenden Gruppen. In neuerer Zeit ist sie vor allem durch Carl-Ludwig von Grashoff, alias Max Heindel (1865–1919) bekannt geworden. Heindel ist der Autor der heute wohl bekanntesten Rosenkreuzer-Schriften. Wie viele Vertreter der Neugnosis versteht auch Heindel sich als Christ:

> »Das Christentum der Rosenkreuzer betrachtet die verstandesmäßige Erkenntnis Gottes und des Universums nicht als Endzweck ... Vielmehr verfolgen die wissenschaftlichen Lehren nur das Ziel, dem Suchenden zum Glauben zu verhelfen und ihn anzuleiten, sein Leben nach dem Vorbild Jesu Christi zu gestalten. Dies ist der einzige Weg, zur wahrhaftigen Bruderschaft zu gelangen«[16].

Es geht dem Autor also in einem ersten Schritt um Christus-gemäßes Leben; man fühlt sich insofern an die christliche Gnosis erinnert, als die »Erkenntnis Gottes und des Universums« dem Suchenden dazu verhelfen soll. Heindel erklärt dann aber ausdrücklich, er habe

> »in den unsichtbaren Welten nachgeforscht und in jenen Dimensionen der Natur die Ausweitung des Bewußtseins erlangt, die sich durch die Praxis der in der westlichen Mysterientradition gelehrten Vorschriften entwickelt ... So hat das Verständnis, das der Verfasser von den von den älteren Brüdern übermittelten Erkenntnissen hatte, bestätigt werden können«[17].

Das jedenfalls vordergründige, wenn nicht eigentliche Anliegen Heindels besteht also darin, Bewußtseinserweiterung zu erlangen und unsichtbare Welten zu erforschen. – Von den oberen, unsichtbaren Welten handelt auch ein »Gnostisches Glaubensbekenntnis« einer Rosenkreuzergruppe, in welchem unzweifelhaft altgnostische und auch manichäische Elemente zur Geltung kommen. Danach glauben die Rosenkreuzer

> »an die vollkommene Gnosis von oben, die uns Menschen als Lichtseelen nach oben zieht zu IHM, dem Alleinigen, in sein Reich des Lichtes, wo er bleibt, bis die ganze Benetzung des Lichtes gesammelt und emporgerückt sein wird zur letzten Vereinigung mit ihm in seiner unvergänglichen Wesenheit«[18].

Durch mehrere Einweihungsstufen und Initiationen hindurch erlebt so der Rosenkreuzer den Aufstieg der Seele in jene geistigen Lichtwelten. Man ist versucht, die Rosenkreuzerbewegung geradezu als einen idealtypischen Vertreter der Neugnosis anzusehen.

d) Daneben gibt es eine wesentlich *wissenschaftliche Neugnosis,* die sich auf wissenschaftliche, experimentale Forschungen stützt und von namhaften Gelehrten vertreten wird. Bei uns ist sie seit 1974 bekannt geworden durch das Buch des französischen Philosophen Raymond Ruyer: *La gnose de Princeton* (Paris, Fayard). Die von Ruyer herangezogenen »Gnostiker« – alles hervorragende Wissenschaftler (vor allem Physiker), aus den USA und sogar aus Rußland – behaupten, der Geist sei die eigentliche Wirklichkeit und die Materie sei nur die uns zugekehrte und darum direkt zugängliche Seite des Geistes. Ruyer formuliert das so, indem er sagt, der Geist sei die »Vorderseite« *(l'endroit),* der Hauptaspekt, die wahre Natur, aller Wirklichkeit. Die Materie sei nur die Kehrseite *(l'envers),* die falsche Hinterseite, der wahren, eben der geistigen Wirklichkeit. Die erwähnten Gelehrten meinen, der Geist sei Gott – hierin zeigt sich in der Tat der neugnostische Ansatz – und dieser eine Gott/Geist, vielfältig strukturiert, strukturiere alle sichtbaren Phänomene, von den Gestirnen bis hin zu den Bestandteilen des Atoms. Der eine Geist wirke in Form von zahllosen inner-geistigen Reaktionen, und diese Reaktionen produzierten als ihre Kehrseite die von der materialistischen Wissenschaft allein berücksichtigte Materie. Nicht der Geist ist »Hinterwelt«, sondern die Materie.

Zwischen dieser wissenschaftlichen Form von Gnosis und der altchristlichen bestehen natürlich unüberbrückbare Gegensätze. Die »Gnosis von Princeton« ist unpersönlich, kalt, während in der klassischen Gnosis das persönliche Heil und die Heilserfahrung im Zentrum stehen. Und vor allem fehlt den wissenschaftlichen Gnostikern die Botschaft vom Erlöser, durch dessen Tätigkeit den Erwählten der Zugang zur pleromatischen Gotteswelt eröffnet wird.

Ruyer erwähnt in seinem Buch die sofort ins Auge springenden asiatischen Parallelen zur »Gnosis von Princeton« nicht[19]. Dies ist nun ganz anders bei Fritjof Capra, dessen Hauptgedanke schon im Titel seines Bestsellers zum Ausdruck kommt: *The Tao of Physics* (1975). Er will zeigen, daß die Ergebnisse der streng wissenschaftlichen experimentalen Physik einerseits und diejenigen der asiatischen meditativen Versenkung andererseits, sich weitgehend decken. Zum mindesten müsse man zugeben, daß sie parallel verlaufen und sich aufs beste ergänzen. Wenn er Mystiker erwähnt, denkt also Capra fast ausschließlich an Buddhisten, Hinduisten und Daoisten. Daß es für ihn keine gültige westliche Mystik zu geben scheint, hängt vermutlich mit den theistischen und personalen Intentionen der europäischen Esoterik zusammen. Capra betont, der Wissenschafter könne die physikalischen Phänomene nur erklären unter Zuhilfenahme des Bewußtseins. Das Bewußtsein muß darum als eine fundamentale Dimension der Wirklichkeit anerkannt werden. Der asiatische Mystiker seinerseits erfaßt das materielle Universum als Manifestation des Bewußtseins. Das Bewußtsein ist der gemeinsame Nenner der wissenschaftlichen und der mystischen Methode. Die beiden Methoden – die wissenschaftliche und die mystische – sind darum komplementär und verhalten sich zusammen wie *yin* (die von der Intuition ausgehende Mystik) und *yang* (die von der Materie ausgehende Wissenschaft).

e) Statt weiterhin neugnostische Strömungen aufzuzählen, möchte ich nunmehr etwas genauer – wenn auch leider auch zu kurz – eintreten auf einen Neugnostiker, den man ernster nehmen sollte als manche anderen und der uns zweifellos viel Beachtliches zu sagen hat: *Carl Gustav Jung* (1875–1961).

Jung hat sich zeitlebens für die Gnosis interessiert, und er erwähnt sie in manchen seiner Bücher. Unter anderem hat er die »gnostischen Symbole des Selbst« analysiert und positiv gewertet[20]. Für meinen kurzen Hinweis auf Jung beschränke ich mich indessen auf seine Autobiographie, und in derselben auf den Abschnitt »Späte Gedanken«, der wohl alles Wesentliche hier zu Sagende enthält, und zwar in sehr persönlicher, bekenntnishafter Form[21].

Jung erachtet es als notwendig, den »christlichen Mythus« weiterzubilden und zu korrigieren, und zwar im Sinn der altchristlichen (häretischen) Gnosis:

> »Die einst von den Gnostikern aufgeworfene Frage: ›Woher kommt das Böse?‹ hat in der christlichen Welt keine Antwort gefunden, und des Origenes leiser Gedanke von einer möglichen Erlösung des Teufels galt als Ketzerei« (S. 335).

Jungs Problem ist also das Vorhandensein des Bösen, des Negativen. Wie ist es zu erklären? Heute muß zu dieser unausweichlichen Frage eine Antwort gefunden werden; denn »es geht um die längst vergessene Seele des Menschen« (ebd.). Die notwendige Weiterbildung des christlichen Mythus erblickt Jung in der Aufnahme eines typisch gnostischen, aber im Grunde genommen universal menschlichen Anliegens: die Schau der Gottheit als der übergreifenden Einheit aller Gegensätze. Dabei geht es nicht nur um die komplementäre Einheit des Männlichen und des Weiblichen, von *anima* und *animus,* auch in der Gottheit, sondern vor allem um die Komplementarität von Gut und Böse. Daß Gott, der gute, lichtvolle Gott, auch seinen »Schatten« hat und daß das Schlechte, Negative, in erster Linie in ihm, in Gott, enthalten ist und von ihm ausgeht, hat schon der zwölfjährige Jung (man beachte das angegebene Alter!) in einer eindrücklichen Vision erkannt. Es begann mit einem Erlebnis auf dem Basler Münsterplatz:

> »Ich kam mittags aus der Schule und ging auf den Münsterplatz. Der Himmel war herrlich blau, und es war strahlender Sonnenschein. Das Dach des Münsters glitzerte im Licht, und die Sonne spiegelte sich in den neuen, buntglasierten Ziegeln.

> Ich war überwältigt von der Schönheit dieses Anblicks und dachte: ›Die Welt ist schön, und die Kirche ist schön, und Gott hat das alles geschaffen und sitzt darüber, weit oben im blauen Himmel, auf einem Thron und –‹. Hier kam ein Loch und ein erstickendes Gefühl. Ich war wie gelähmt und wußte nur: Jetzt nicht weiterdenken! Es kommt etwas Furchtbares, das ich nicht denken will, in dessen Nähe ich überhaupt nicht kommen darf ...«[22].

Das Furchtbare hatte zu tun mit der Sünde. Weiterzudenken wäre Sünde gewesen. Und dann stellte sich unausweichlich für Jung die Frage: Woher kommt eigentlich die Sünde? Gott ist ja gut, lichtvoll, »weit oben im blauen Himmel, auf einem Thron ...« Wollte er gar, daß die Menschen sündigten? Die Frage wurde für den Jungen dermaßen qualvoll, daß er zwangsweise eine Antwort finden mußte. Und zwar mußte er sie finden, indem er das Bild vom Thron Gottes über dem glitzernden Basler Münster zu Ende dachte:

> »Ich faßte allen Mut zusammen, wie wenn ich in das Höllenfeuer zu springen hätte und ließ den Gedanken kommen: Vor meinen Augen stand das schöne Münster, darüber der blaue Himmel, Gott sitzt auf goldenem Thron, hoch über der Welt, und unter dem Thron fällt ein ungeheures Exkrement auf das neue bunte Kirchendach, zerschmettert es und bricht die Kirchenwände auseinander«[23].

Das war die furchtbare Gewißheit: Das Schmutzige, Unansehliche, Negative, Böse, hat seinen Ursprung in Gott. Beim »Exkrement« denkt man unwillkürlich die altgnostische Ausgeburt der pleromatischen »Weisheit« Gottes: den unansehnlichen, herrschsüchtigen Yaldabaoth. Der Parallelismus zwischen der altgnostischen Darstellung und der Jungschen Symbolik ist unverkennbar. Das Böse ist zwar häßlich, aber es kommt aus Gott.

In diesem Sinn muß nach Jung die christliche Theologie weiterarbeiten. Denn das traditionelle christliche Gottesbild hat Gott seines Schattens beraubt. Gott »streifte seine dunkeln Eigenschaften ab und wurde zum *Summum bonum*« (S. 331). Darum verfiel die christliche Welt mehr und mehr dem angeblich von Gott unabhängigen Bösen, eine Entwicklung, die in unserem Jahrhundert, so Jung, den Höhepunkt erreichte. Jetzt aber »muß der (christliche) Mythus endlich mit dem Monotheismus ernst machen und seinen (offiziell verleugneten) Dualismus aufgeben, welcher bis anhin neben dem allmächtigen Gott einen ewigen dunklen Widersacher bestehen ließ« (S. 340). Das Böse muß wieder erfaßt werden als in Gott oder im Göttlichen wesensmäßig inhärierend, als sein »Schatten«.

Das Verlangen, Gott als völlig integrierte Größe zu erkennen, mit seinem »Schatten«, entspricht, wie mehrmals erwähnt, einem gnostischen Anliegen. Interessanterweise wird auch in gnostischen Texten gelegentlich das Böse (das »Chaos«) als »Schatten« des lichtvollen Pleromas bezeichnet[24)], wobei allerdings betont wird, der »Schatten« befinde sich außerhalb des Lichtes, obwohl er von den Lichtgrößen produziert wird. Übrigens zeigt ja auch das Jungsche Symbol an, daß das Hässliche »außerhalb« Gottes wirkt, wenn es auch von ihm verursacht wird. Ähnlich handelt Yaldabaoth »außerhalb« des Pleromas, zu dem er seiner Herkunft nach trotzdem gehört.

Daß Jung wesentlich Gnostiker ist, wird endgültig klar, wenn wir uns vergegenwärtigen, wie sich Gott, das heißt die erste und letzte, die tiefste Dimension des Universums, und die Seele, das heißt die Innenseite des Menschen, zueinander verhalten. Jung läßt darüber keinen Zweifel: der empirische Einzelmensch wird bestimmt von einer »unbekannten« Größe, von etwas, das »von außen her« an ihn herankommt, oder besser: in ihn hineinkommt. Jung zögert, wie er dieses »Unbekannte« benennen soll. Er sieht mehrere Möglichkeiten: *»mana«*, oder »Dämon« (den sokratischen *daimôn*), oder auch »Gott«, oder das »Unbewußte«. All dies sind austauschbare Namen, vor allem auch »Gott« und das »Unbewußte«. In seinen wissenschaftlichen Büchern zieht Jung im allgemeinen den Ausdruck »das Unbewußte« vor. Aber in diesen »Späten Gedanken«, bei denen er ganz er selbst ist, liebt er es, von Gott zu sprechen. Er hatte ja eine christliche Erziehung genossen und verfügte über eine geradezu phänomenale Bibelkenntnis.

Gott ist also identisch mit dem Unbewußten, mit jener unbekannten, »kollektiven« Größe, die den Menschen innerlich bestimmt. Darum ist »das Gottesbild vom psychologischen Standpunkt aus eine Veranschaulichung des Seelengrundes« (S. 357). Man beachte den Ausdruck »Seelengrund«, der in der christlichen Mystik und im Pietismus eine lange Vorgeschichte hat! Infolgedessen kann »keine Wissenschaft je den Mythus ersetzen ... Denn nicht ›Gott‹ ist ein Mythus, sondern der Mythus ist die Offenbarung eines göttlichen Lebens im Menschen« (S. 343). Indem also Jung einen Zusammenhang aufdeckt zwischen Gott und dem Unbewußten, will er keineswegs etwa im Sinne Feuerbachs Gott »erklären« und auf ein restriktiv verstandenes Unbewußtes reduzieren. Vielmehr hat man eindeutig den Eindruck, der Rückgriff auf Gott mache es ihm möglich, das Unbekannte, d. h. das Unbewußte, zu verstehen. Der von Gott handelnde und Gottes Leben erzählende Mythus ist ja eben »Offenbarung«, und zwar »Offenbarung eines göttlichen Lebens im Menschen«.

Wenn weiter Jung Gott gelegentlich als »Archetyp« oder sonstwie bezeichnet, so will er damit über Gottes eigentliches Wesen nichts aussagen. »Wir sprechen damit die Anerkennung aus, daß ›Gott‹ in unserer dem Bewußtsein präexistenten Seele vorgemerkt ist und daher keineswegs als Erfindung des Bewußtseins gelten kann. Er wird damit nicht nur nicht entfernt oder aufgehoben, sondern sogar in die Nähe der Erfahrbarkeit gerückt» (S. 350). Gott kann psychische Wirklichkeit werden, kann erfahrbar werden – dies ist für Jung der große Vorteil seiner Sicht der Dinge. Gott in der Seele erfahrbar: dies ist das uralte Streben, Hoffen und Verkünden aller Gnostiker und Mystiker.

Es überrascht darum einigermaßen, daß Jung gerade da, wo er von der Gegenwart Gottes im Seelengrund des Menschen spricht, es ablehnt, als »Gnostiker« zu gelten (S. 350). Er will nämlich schlicht als Psychologe von diesen Dingen handeln. Als Psychologe spricht er von dem im Seelengrund erfahrbaren Gott – von dem Gott, der trotzdem nicht auf das Psychologische reduzierbar ist. Trotz seines Protestes darf man ihn aber in aller Ruhe und ganz ohne jede Polemik als »Gnostiker« bezeichnen. Man sollte es sich überhaupt verbieten, von »Gnosis« nur argwöhnisch und in Verteidigungsstellung zu reden. Nur hat Jung die Struktur gnostischen Erlebens und Denkens auf das einfachste, konzentrierteste Schema zusammengedrängt: auf die Komplementarität der Gegensätze im großen, weiten Unbekannten, das sowohl Gott ist wie unbewußter Seelengrund.

Aufgabe des Menschen ist es, sich im Individuationsprozeß der Gegensätze bewußt zu werden und sie im übergreifenden Selbst zu vereinen. Dies ist, für Jung, »Selbstwerdung«. Erfüllung dieser Aufgabe, das heißt die »Selbstwerdung«, ist zugleich auch »Gottesdienst«. Es ist »der Dienst, den der Mensch Gott leisten kann, daß Licht aus der Finsternis entstehe (vgl. Gen 1), daß der Schöpfer seiner Schöpfung und der Mensch seiner selbst bewußt werde« (S. 341). Denn im Lauf der Geschichte des Christentums, die das Böse radikal aus Gott entfernte, also gewissermaßen Gott verstümmelte, ist Gott gleichermaßen seines Selbst verlustig gegangen, in dem Maße nämlich, wie der Mensch das ratlose Opfer seiner dunklen Triebe wurde und sein Selbst verlor.

Daß all dies für Jung nicht abstrakte Theorie war, nicht kühl objektivierendes, wissenschaftliches Wissen, betont er selber gleich in der Einleitung zu den »Späten Gedanken«:

»Diese ›Theorie‹ ist eine meinem Leben zugehörige Existenzform, sie stellt eine Lebensweise dar, die mir so nötig ist wie Essen und Trinken« (S. 330).

Eine Lebensweise, so nötig wie Essen und Trinken. Das eben ist Gnosis.

Zum Schluß

Was ist »Erkenntnis«?

In dem Gesagten – seien es die Zeugnisse der häretischen Gnostiker oder des Maximus Confessor (der als *confessor,* als Märtyrer, für seine Gnosis den Tod erlitt), oder der modernen Gnostiker, oder C. G. Jungs – sind mir persönlich zwei Punkte wichtig:

1. Für alle diese Leute ist »Erkenntnis« nicht ein objektives Wissen, sondern eine Seins- und Existenzform, und zwar ein den inneren Menschen aktualisierendes und bestimmendes, das enge Ich sprengendes *Erleben.* Erkenntnis ist Erleuchtung, ein Geschenk, das man ersehnt und für das man alles einzusetzen breit ist.

2. Erkenntnis ist ein Erleben, das das innerste Sein des Menschen aufs engste mit dem Seinsgrund des Universums verbindet, das den Seinsgrund des Universums als des Menschen innersten Seinsgrund aufleuchten läßt.

Darum eine Frage, die ich hier einfach hinstellen möchte. Was ist »Erkenntnis«? Sind die Gnostiker wirklich so ganz auf falsche Wege geraten? Haben sie am

Ende nicht vielleicht doch ein wenig Recht? Auch wenn wir ihre theoretischen Formulierungen über Gott, Seele und Welt nicht ohne Vorbehalte gelten lassen können? Haben die Gnostiker nicht durchaus Recht, wenn sie uns daran erinnern, daß Erkenntnis nicht einfach besteht im Fürwahrhalten von logisch entwickelten und experimental geprüften »objektiven« Sätzen, sondern – um mit Jung zu reden – »eine unserem Leben zugehörige Existenzform« ist, eine »Lebensweise, die uns so nötig ist wie Essen und Trinken«? Was kann es schaden, wenn wir das Leben Gottes nicht nur für wahr halten, sondern es als unser eigentliches Leben auch wirklich erleben? Wenn wir ein wenig echte christliche Gnostiker werden? Was kann das schaden? Es wäre wohl eher als ein sehr positiver Schritt zu beurteilen, auch wenn wir damit ein Anliegen der neugnostischen Bewegungen aufnähmen und scheinbar in deren Schlepptau gerieten. Aber wie, wenn etwa diese Bewegungen nicht ganz ohne Gottes Zutun zustande gekommen wären? Vielleicht etwa zu dem Zweck, uns die wahre Gnosis in Erinnerung zu rufen, damit wir ernsthaft nach ihr suchen?

Anmerkungen:

1) Es sei zunächst nur kurz daran erinnert, daß das griechische Wort *gnôsis* »Erkenntnis« bedeutet. Was damit gemeint ist, wird im Laufe der Ausführungen klar werden.

2) Im allgemeinen sind angelsächsische Forscher eher geneigt, einen christlichen Ursprung der Gnosis anzunehmen. In Europa ist Simone Pétrement eine der entschiedensten Vertreterinnen dieser These; cf ihr Buch *Le Dieu séparé – Les origines du gnosticisme,* Paris 1984. Die jüdisch-christliche Entstehungsge-

schichte der Gnostik verfolgt Walter Schmithals, *Neues Testament und Gnosis,* Darmstadt 1984.

[3] Ich erlaube mir, auf meine im Jahrbuch *Perspektiven der Philosophie* (Würzburg) Bd. 12 (1986), S. 95–127, erschienene Studie hinzuweisen: »Gnosis als Urform christlicher Mystik«.

[4] Man hat zum Beispiel schon öfters an Stephanus gedacht als an einen früheren Vorboten der Gnosis (cf Apg 6–7). Stephanus wurde offensichtlich darum gesteinigt, weil er die absolute Gültigkeit des Gesetzes bestritt.

[5] Eine umfassende, jedoch knappe Information über die ganze Problematik findet sich in dem in Anm. 2 genannten Buch von Walter Schmithals.

[6] Über diesen äußerst wichtigen Handschriftenfund orientiert z. B. Kurt Rudolph, *Die Gnosis,* Göttingen, 1977. Einige besonders bedeutsame Texte sind leicht zugänglich in der deutschen Übersetzung von Martin Krause, in: *Die Gnosis,* Band I und II, Zürich/Stuttgart, 1969. Sämtliche Texte wurden übersetzt von einem amerikanischen Team und herausgegeben von James M. Robinson, *The Nag Hammadi Library in English,* Leiden (1977) 1984. Viele Einzeltexte sind natürlich in wissenschaftlichen Ausgaben und Übersetzungen zugänglich.

[7] Der folgenden Darstellung liegt vor allem das sog. *Apokryphon des Johannes* zugrunde. Übersetzung z. B. bei Martin Krause, *Die Gnosis* (Anm. 6), Bd. I, S. 133–161. Diese »Geheimschrift des Johannes« ist in vier verschiedenen handschriftlichen Exemplaren überliefert, was ihre große Popularität anzeigt.

[8] Es ist stark zu unterstreichen, daß das Gebären der »Weisheit« zwar ein eigenmächtiger Akt war, der allerdings ihrem Wesen und ihrer Bestimmung entsprach (das wird vermutlich mit dem äußerst seltenen griechischen Adjektiv *proûnikos* ausgedrückt, das speziell ihr zugehört), daß dieser Akt aber mit vollem Wissen des gesamten Pleromas erfolgte. Es ist leider üblich geworden, von einem »Fall« der Weisheit zu sprechen, was in keiner Weise dem Wortlaut der Texte entspricht; vgl. dazu S. Pétrement (Anm. 6) S. 127–136.

[9] Dies die Deutung von Gershom G. Scholem: *Jewish Gnosticism, Merkabah Mysticism, and Talmudic Tradition,* New York, Jewish Theol. Seminary, 1965, p. 71 f.

[10] Übersetzt aus *Philokalia tôn hierôn nêptikôn,* Band II, Athen, 1958, S. 171, Nr. 18.

[11] Ebda., Bd. II. S. 126, Nr. 100.

[12] Ebda., Bd. II. S. 66, Nr. 85

[13] Ebda., Bd. II, S. 73, Nr. 21.

14) Eine Übersicht über neugnostische Bewegungen, mit ausführlichen Quellen- und Literaturangaben findet sich bei Hans-Jürgen Ruppert, *Neugnosis: Gemeinschaften und Weltanschauung*, Wien, Referat f. Weltanschauungsfragen, Dokumentation 1984/1. – Genaue Hinweise und Inhaltsangaben der wichtigsten Schriften auch bei Marie-France James, *Les précurseurs de l'Ere du Verseau (Jalons du renouveau de l'ésotéro-occultisme de 1850 à 1960)*, Montréal/Paris, 1985.

15) Zitiert nach M.-F. James (Anm. 14), S. 58f).

16) Max Heindel, *Cosmogonie des Rose-Croix – Philosophie ésotérique chrétienne.* Paris, 10, 1979, Titelseite.

17) Max Heindel (Anm. 16), S. 15.

18) Zitiert von H.-J. Ruppert (Anm. 14), S. 29.

19) Zu den orientalischen Parallelen der »Gnosis von Princeton«, vgl. C.-A. Keller, »L'endroit et l'envers: réflexions d'un théologien orientaliste au sujet de la ›Gnose de Princeton‹«, in: *Cahiers protestants,* Lausanne, 1977/4, S. 20–27.

20) In: *Aion – Untersuchungen – Symbolgeschichte,* 1951 (Band 9 der *Gesammelten Werke*). – Es ist auch daran zu erinnern, daß es das Jung-Institut war, das als erste wissenschaftliche Institution im Jahr 1951 einen der Handschriftenbände von Nag Hammadi erwarb, und zwar den inhaltsreichen Kodex I, der darum in der gelehrten Literatur den Namen »Kodex Jung« erhielt.

21) *Erinnerungen, Träume, Gedanken von C. G. Jung, aufgezeichnet und herausgegeben von Aniela Jaffé,* Olten, 1971, S. 330–356.

22) *Erinnerungen ...*, S. 42.

23) Ebda., S. 45.

24) Im Anfang der fünften Schrift aus Kodex II von Nag Hammadi, die man in der Literatur kennt unter dem Namen »Über den Ursprung der Welt« (C. G. II, S. 97–99).

Astrologie christlich

Gerhard Voss

Zur Fragestellung

»Astrologie christlich« kann zweierlei meinen: Astrologie, christlich gesehen und beurteilt – oder auch: christlich verantwortete und als solche klar abgegrenzte Astrologie, zumindest eine christlich verantwortete oder gar christlich motivierte positive Aneignung astrologischer Kategorien. Das würde jedenfalls heißen, daß solche Astrologie und Christlichkeit nicht als sich gegenseitig ausschließende Alternativen gesehen werden. Nun läßt sich freilich nicht leugnen, daß sich bei einer solchen Sicht gleich eine Fülle von Fragen anmelden. Und es ist in einem einzigen Beitrag wohl nicht möglich, darauf umfassend einzugehen, zumal ein Berg von Vorurteilen das Verständnis zwischen Befürwortern und Gegnern der Astrologie sehr schwierig macht: Vorurteile aufgrund uns geläufiger Denkkategorien, die aber vielleicht gar nicht so selbstverständlich sind, wie sie scheinen, Vorurteile, die aber auch emotional aufgeladen sind, wobei der Kontext dieses Bandes ja schon deutlich macht, daß das Phänomen »Astrologie« nicht isoliert gesehen werden kann.

Insofern fällt mein Beitrag freilich etwas aus dem Rahmen, als ich auf die Tradition, die auch christliche Tradition kosmischen und ganzheitlichen Denkens, aufmerksam machen möchte. Dabei versuche ich, anhand einiger Unterscheidungen ein paar Verständnisschneisen zu schlagen. Ausgehen möchte ich von einem kürzlich erschienenen Informationsheft (Information, Nr. 97 = IV/1986) der Evangelischen Zentralstelle für Weltanschauungsfragen in Stuttgart: »Astrologie heute. Eine umstrittene Form von Daseins-Interpretation und ihre Bedeutung für die Grundsituation unserer Zeit«, von Siegfried Böhringer.

Die Darstellung hat für mich den Vorteil, daß sie ausdrücklich auch auf mein Büchlein »Astrologie christlich« (Regensburg 1980) eingeht. Böhringer möchte »den Gedankengängen der Astrologie-Vertreter und der Astrologie-Gegner in einem aufmerksamen Nachspüren ihrer Grundanliegen jeweils bis zu dem Punkt nachgehen, an welchem sich ein betroffenes Innehalten einstellt, welches zu tieferem Besinnen Anlaß gibt«.

Böhringers Darstellung scheint mir für die Gesprächslage einigermaßen repräsentativ, wenn man seine eigene Position mitberücksichtigt, die – kurz gesagt – etwa so lautet: Astrologie beruht zwar auf einem längst überholten Weltbild, ist daher vom heutigen Standpunkt der astronomischen und biologischen Wissenschaft her erwiesenermaßen unhaltbar; wenn heute aber trotzdem etwa die Hälfte unserer Bevölkerung der Astrologie positiv zugeneigt ist, dann artikuliert sich hier ein Anliegen, das doch zumindest eine Anfrage an die Kirchen, ihre Verkündigung und Seelsorge ist. Nun, vielleicht müssen wir bei diesem Dilemma nicht stehen bleiben. Gerade deshalb wird mir an Böhringers Darstellung deutlich, wo ich meine, Korrekturen anbringen zu müssen, verdeutlichen zu sollen, weitergehen zu können. In meinem Büchlein habe ich die Anfrage an die Kirche so formuliert (S. 20):

»Es gehört zu den verheerenden Folgen der Aufklärung in der Kirche, daß die christliche Verkündigung aus dem Auge verloren hat: ›Heil‹, wie das Neue Testament es versteht (und etwa in den Heilungsgeschichten deutlich macht), meint eine umfassende psychosomatische und geistliche Einheit und beinhaltet zugleich eine soziale und kosmische Versöhnung, in der die Erfahrung der Entfremdung aufgehoben ist. Wenn astrologische Weisheit in der Kirche heute keinen Platz mehr hat, stellt sich also die Frage: ob aufgrund tieferer Einsicht des Glaubens oder aufgrund verlorener Weisheit infolge allzu unkritischer Anpassung an die Wissenschaftsgläubigkeit der Zeit. Wo die Welt nur aus einzelnen Objekten besteht, gibt es keine Kommunikation mit dem Ganzen.

Das Aufblühen esoterischer Gnosis ist immer auch eine Anfrage an die Kirche(n), wieweit hier die Tradition gläubiger Weisheit überzeugend lebendig ist, wieweit hier der Ort ist, an dem die Welt nicht nur kritisch auseinandergenommen wird, sondern mehr noch als vom Wort Gottes durchwirkte Einheit ins Auge gefaßt und erfahren wird.«

Damit dürfte deutlich sein, daß zwei Arten von Astrologie von vornherein aus unserer Betrachtung ausscheiden: einmal die Vulgär-Astrologie, wie wir sie in den Horoskopen der Boulevardpresse finden. Die haben nur in unsinnig verallgemeinernder Weise etwas mit seriöser Astrologie zu tun. Zum andern eine bloß spielerisch-unterhaltsame Beschäftigung mit der Astrologie. Damit ist freilich positiv noch keine Abgrenzung christlich verantwortbarer Astrologie vorgenommen. Nur wird man in umgekehrter Richtung von vornherein so viel sagen dürfen: als unentbehrlich wird sich Astrologie christlich nicht verstehen dürfen. Das sage ich deshalb, weil Böhringer im Blick auf meine Position schreibt: »Astrologisches Denken ist hier nichts anderes als ein unentbehrliches Hilfsmittel für das Suchen und Finden des ›wahren Selbst‹«. Bei mir kann man auf Seite 8 lesen, es sei »immer eine Frage pastoraler Klugheit, ob es nicht besser ist, überhaupt von aller Astrologie abzusehen. Denn heilsnotwendig ist sie auf keinen Fall, und die ängstliche und abergläubische Neugier vieler Menschen macht es besonders in Krisenzeiten den Scharlatanen nur allzu leicht, sie in ihren Dienst zu nehmen«. Und dann macht sie unfrei und verstellt den Blick für die Offenbarung der Liebe Gottes. Deswegen möchte ich besonders auf notwendige Unterscheidungen hinweisen. Damit will ich zugleich darauf aufmerksam machen, daß man über Astrologie nur sehr differenziert reden kann.

Ich möchte zunächst den Fragenkomplex »Astrologie« dadurch etwas abstecken, daß ich vom dreifachen

Interesse spreche, das ich als Theologe an der Astrologie habe. Dann möchte ich etwas näher auf den Vorwurf des Aberglaubens eingehen. Das wird uns mit den zwei Hauptstoßrichtungen der Kritik an der Astrologie konfrontieren: sie sei ein Verstoß gegen den Glauben und gegen die Vernunft. Das macht es zugleich nötig, deutlich herauszustellen, welcher Art Wirkung die Astrologie behauptet und welche nicht. Wie steht es mit der Realität dieser Wirksamkeit? Abschließend möchte ich die drei hauptsächlichen Argumente, die aus naturwissenschaftlicher Sicht gegen die Astrologie vorgebracht werden, aufgreifen, um so nochmals die Eigenart astrologischen Denkens zum Ausdruck zu bringen: daß man nämlich deutlich unterscheiden muß zwischen Sternzeichen und Tierkreiszeichen, daß die Astrologie in der Tat bewußt geozentrisch, weil anthropozentrisch orientiert ist und daß sie sich des Mythos als Ausdrucksmittel bedient.

Nun also zur ersten Unterscheidung: sozusagen eine persönliche Klarstellung: Ich spreche hier nicht als Astrologe, sondern ich bin ein Theologe, der über Astrologie redet, und zwar aufgrund eines dreifachen persönlichen Zugangs:

Astrologie in der Geschichte der biblischen Offenbarungsreligion

Auf dem Grundstein der Türme der Klosterkirche in Niederaltaich ist ein Horoskop dargestellt. Das hat mich auf die Spur gebracht, zu entdecken, daß in der biblischen Offenbarungsreligion des Alten und Neuen Testaments Astrologie durchaus auch ihren Platz hatte. Ich erinnere an die bekannten Tierkreisdarstellungen aus dem 4.–6. Jahrhundert nach Christus auf den Fußböden jüdischer Synagogen z. B. in Tiberias und Beth Alpha.

Ich erinnere an die Zuordnung der 12 Apostel zu den 12 Tierkreiszeichen in der christlichen Kunst. Hier gäbe es noch vieles sonst zu erwähnen: Für Thomas von Aquin (SThI q 115) stand außer Frage, daß der Mensch seiner »Natur« nach in seinen Neigungen unmittelbar der Prägung durch die Himmelkörper unterliegt (bzw. durch die geistigen Wesenheiten, die in ihnen wirksam sind). Ihre Blütezeit erlebte die Astrologie im Humanismus. Papst Leo X. richtete in Rom einen Lehrstuhl für Astrologie ein, Melanchthon befaßte sich mit Astrologie.

Wir müssen uns also fragen: Ist die Bibel wirklich so negativ gegenüber der Astrologie eingestellt, wie oft behauptet wird?

Im deuterokanonischen, für uns Katholiken biblischen Buch der Weisheit heißt es, daß Gott dem Menschen die Fähigkeit geschenkt hat, »den Aufbau der Welt und das Wirken der Elemente, Anfang und Ende und Mitte der Zeiten, die Abfolge der Sonnenwenden und den Wandel der Jahreszeiten, den Kreislauf der Jahre und die Stellung der Sterne« zu verstehen (Weish 7,17–19). Der gläubige Mensch sieht sich in eine Welt hineingestellt, in der Gottes schöpferische Weisheit alles nach Maß und Zahl geordnet hat, allem seinen Ort und seine Bahn zugewiesen hat: »Machtvoll entfaltet sie ihre Kraft von einem Ende zum andern und durchwaltet voll Güte das All«, heißt es Weish 8,1. So sind dann auch die Tierkreisdarstellungen in jüdischen Synagogen und christlichen Kirchen Ausdruck der gläubigen Hoffnung, daß Gott der Herr der Geschichte ist, Ausdruck eines Glaubens, der nicht »das Feuer«, den Wind, die flüchtige Luft, den Kreis der Gestirne, die gewaltige Flut oder die Himmelsleuchten für »weltbeherrschende Götter« hält, sondern »beim Anblick der Werke den Meister« erkennt (Weish 13,1 f.).

Das Alte Testament hat mit seinem Schöpfungsglauben im Bezug zur kosmischen Religiosität des Alten Orients eine kritische Einstellung. Diese darf man aber nicht isolieren! Sonst nimmt man dem Alten Testament seine Vitalität. Das Paschafest mit seinem Ritual des Paschalammes hat seinen festen Platz in der Vollmondsnacht des jüdischen Monats Nisan, und dieser steht astrologisch im Zeichen Widder – im Hebräischen dasselbe Wort wie »Lamm«. So wird verständlich, wenn Papst Leo I. so energisch kritisiert (ep. 88; 121; 122 = PL 54, 925 ff.), daß die Alexandriner manchmal das Osterfest nach dem 21. April ansetzten. (Das Äußerste, worauf er sich einließ: daß wenigstens noch Karfreitag auf den 21. April fällt, d. h. daß die »Schlachtung« unseres Osterlammes Christus noch im Zeichen Widder gefeiert wird.)

Die Astrologie kann freilich auch zu einer gefährlichen Versuchung für den Glauben werden: Wollt ihr von neuem Sklaven der Elementarmächte werden?, fragt Paulus (Gal 4, 9; vgl. Kol 2, 20). Die Warnung vor Astrologie ist in der Kirchengeschichte dominierend:

a) Auf heftige Ablehnung stieß die Astrologie schon bei den Kirchenvätern, in einer Zeit, in der die Kirche in einer äußerst gefährlichen Auseinandersetzung mit geistigen Strömungen und Systemen stand, die man unter dem Begriff Gnosis zusammenfaßt. Damals war in der hellenistischen Welt der Spätantike der Optimismus des klassischen Griechenlands, der Glaube, die Struktur des Kosmos klar durchschauen und rational erfassen zu können, zerbrochen. Der Hingabe an das Schicksal – dem »amor fati« – im Vertrauen auf die weise Herrschaft der Götter stand mehr und mehr die Erfahrung entgegen, nicht in einer wohltuenden Harmonie des Apollo und seiner Musen zu stehen, sondern in das Spiel irrationaler Kräfte einbezogen zu sein. So hatten die astrologischen Vorstellungen eine ausgespochen fatalistische Ausprägung erhalten: Der Mensch, da er »nach dem Bilde des Kosmos gemacht« ist, wie es in den gnostischen, sog. »hermetischen« Schriften heißt, und so »die Natur der Harmonie der Sieben (= Planeten) angenommen hat«, sah sich »in diese Harmonie hineingebunden als ihr Sklave«. Astrologie wurde nun zum Versuch, im Wissen um die Sterne ihrer Macht zu entrinnen. Das Horoskop wurde zur geheimzuhaltenden Offenbarung des Erlösungsweges. Gegenüber solchem Schicksalsglauben im Gewand astrologischer »Philosophie« galt es, kompromißlos die Frohe Botschaft zu bezeugen, daß der Glaube an Jesus Christus die Freiheit von den »Weltmächten« bedeutet. In ihrer Argumentation sind die Kirchenväter bemüht, astrologische Vorstellungen als unsinnig lächerlich zu machen; ihr eigentliches Motiv ist freilich pastoraler Natur: die Gefährlichkeit der Astrologie für den christlichen Glauben, und diese Gefährlichkeit besteht darin, daß man in seiner Angst abhängig wird. Augustinus (Exp. in ep. ad Gal 34 f. = PL 35, 2130), schreibt: »Auch in unseren Kreisen gibt es viele Menschen, die sich die Zeiten für ihre Unternehmungen von den Mathematikern bestimmen lassen ... Was für eine Hoffnung haben solche, wenn sie Christen heißen wollen, aber ihr schiffbrüchiges Leben nach dem Ephemeriden lenken?«

b) Die vom Konzil von Trient mit der Erstellung eines »Verzeichnisses verbotener Bücher« beauftragte Kommission bezeichnete solche astrologische Schriften als unvereinbar mit dem christlichen Glauben, die den Anspruch erheben, sichere Voraussagen zu machen (»astrologiae iudiciariae libri«: DS 1859).

c) Agrippa von Nettesheim († 1535), einer der bekanntesten Astrologen zur Zeit des Humanismus, machte, je älter er wurde, umso mehr darauf aufmerksam, daß bloße Einsichten in kosmischen Zusammenhänge und daraus abgeleitete ethische Imperative nicht nur unzureichend sind zur Befreiung aus der Gefangenschaft der Elementarmächte. Solche Einsichten sind selbst nicht frei von sündiger Befangenheit. Astrologie ist für Agrippa wesentlich subjetiv bestimmt, und er beruft sich auf Ptolemaeus, wenn er unterstreicht, daß die Ergebnisse der Astrologie – zumal die prognostischen – sich aus der Beobachtung der Sterne *und* aus den Affekten des deutenden Geistes ergeben. Mit anderen Worten: Die Interpretation der Gestirnkonstellationen, das astrologische Bewußtsein, wurzelt wesentlich in der Struktur und den Leidenschaften der menschlichen Seele. Und diese sind keineswegs nur von lauteren Interessen bestimmt.

In der Tat beschränkt sich astrologische Praxis zumeist ja nicht darauf, »Neigungen« aufzuzeigen. Sie macht auch Voraussagen. Dazu wurden verschiedene Methoden entwickelt, und es ist nicht auszuschließen, daß sich aufgrund des Horoskops bestimmte Entwicklungen ablesen lassen, einschließlich bestimmter zeitlicher Markierungen. Dennoch ist es christliche Überzeugung, daß der Mensch, wo er wirklich als Mensch handelt, nicht unter dem Zwang steht, den sich abzeichnenden natürlichen Neigungen zu folgen.

Daß der Weise, der ganz auf Gott Ausgerichtete, der Fromme nicht unter der Herrschaft der Gestirne stehe, war und ist auch jüdische Überzeugung (vgl. F. Weinreb, Die Astrologie in der jüdischen Mystik, München/ Weiler i. A., 1982). In der jüdischen Überlieferung finden wir auch ein System überliefert, das dem Unberechenbaren Raum läßt: vor allem dadurch, daß die Monate – wie es das Wort »Monat« besagt – im jüdischen Kalender den Mondzyklen entsprechen und diesen die Tierkreiszeichen zugeordnet werden. So findet auch die nicht glatt aufgehende Differenz zwischen einem Sonnenjahr und zwölf (Mond-)Monaten Berücksichtigung: Ein Sonnenjahr hat immer einige Tage mehr als zwölf Monate, ein Stück eines dreizehnten Monats (der im jüdischen Kalender alle paar Jahre eingeschoben wird) ragt noch hinein, wie entsprechend in jede Woche (als vierten Teil des Monats) etwas vom achten Tag hineinragt, von dem Tag, der auch in der frühchristlichen Tradition die Neue Schöpfung symbolisiert, etwas, was sich in seiner Auswirkung im Menschen nicht berechnen läßt. Auch werden die Tagesplaneten berücksichtigt und dazu die Feste, die nach biblischer Überlieferung an einem bestimmten Kalendertag, also bei einem bestimmten Stand von Sonne und/oder Mond gefeiert werden – wie Ostern, Pfingsten usw. Auch sie zeigen dem Glaubenden eine Wirklichkeit unseres Lebens an. Weiter – sagt die jüdische Astrologie – müsse man, was an großen Möglichkeiten dem Menschen gegeben ist, etwa in einer Tat der Liebe gleichsam über sich selbst hinauswachsen, wie einen unbekannten Planeten in die Betrachtung miteinbeziehen. Das aber kann nur, wer den Betreffenden kennt (was letztlich und ganz nur von Gott gesagt werden kann).

Friedrich Weinreb schreibt: »So sagt man: Nur der Weise darf ein Horoskop deuten, jeder andere rechnet nur und will gleich eine Antwort geben. Der Weise aber wird durch die Fragen und Gefühle die zwischen dem, der gedeutet haben will, und ihm hin- und hergehen, erleben, was der andere für ein Mensch ist. Wenn man die Person nicht kennt, sollte man ein Horoskop überhaupt nicht deuten. Im Stand der unbekannten Planeten und des unbekannten dreizehnten Zeichens ist der Mensch selbst miteinbezogen: Deuter und der, dem man bedeutet«. Hier wird die Subjektivität des Horoskops und seiner Deutung noch einmal von einer anderen Seite gesehen: als Aufgabe, der die meisten Menschen nicht gewachsen sind. Wer sich heute in Kreisen umsieht, die mit betont »wissenschaftlichem« Ernst astrologische Prognostik betreiben, wird sehr oft auf Zeichen zwanghafter, unerlöster Abhängigkeit stoßen, wenn bei allem und jedem im Leben zuvor die Sterne befragt werden. Darum ist es heute nicht weniger als in früheren Zeiten angezeigt, grundsätzlich davor zu warnen, nach astrologischen Prognosen Ausschau zu halten. Die Gefahr, abhängig zu werden, ist nur allzu leicht gegeben. So bleibt die biblische Warnung aktuell: »Wie könnt ihr jetzt, da ihr Gott erkannt habt, vielmehr von Gott erkannt worden seid, wieder zu den schwachen und armseligen Elementarmächten zurückkehren? Warum wollt ihr von neuem ihre Sklaven werden?« (Gal 4, 9).

Alle hier angedeuteten Gefahren müssen ins Auge gefaßt werden. Doch trat schon der berühmte Astronom Johannes Kepler († 1630) dafür ein, zwischen kritiklosem Aberglauben und pauschaler Verwerfung einen »dritten Weg« zu beschreiten. Eine diesbezügliche Schrift von ihm trägt den Titel »Tertius Interveniens«. »Das ist Warnung an etliche Theologos, Medicos und Philosophos ..., daß sie bey billicher Verwerffung der Sternguckerischen Aberglauben nicht das Kindt mit dem Badt außschütten und hiermit ihrer Profession unwissendt zuwider handlen.«

Hier zeigt sich ein grundsätzliches ökumenisches Problem. Und das ist mein zweiter Zugang zur Astrologie:

Astrologie und Gnosis

Als Ökumeniker sehe ich in der Kirchengeschichte nur allzu oft, daß Perspektiven und Lehren – vor allem faszinierende, d. h. den Menschen irgendwo wirklich treffende, die natürlich immer auch ihre Einseitigkeiten und Gefährlichkeiten haben – zu undifferenziert abgelehnt und ausgegrenzt werden, daß damit immer aber auch ein Verlust einhergeht, der dann mühsam erst wieder aufgearbeitet werden muß. In der Astrologie geht es um das Problem Glauben und Gnosis. Gnosis fasziniert durch ein weiteres, über dogmatische Abgrenzungen erhabenes Gottesbild. Dieser Gott ist freilich eher ein Es als ein Du, und das Kreuz Christi hat darin keinen Platz.

Die Astrologie fügt sich da gut ein. Sie ist eigentlich immer irgendwie religiös, weil sie immer von einer Bindung an das Universum als einem geistig geordneten Ganzen ausgeht – formal jedenfalls. Wie diese Ordnung inhaltlich verstanden ist, ob als Schöpfung und liebende Selbstmitteilung Gottes oder als unentrinnbares Schicksal, darüber sagt die Astrologie als solche nichts. Das zeigt sich erst in der Weise, wie sie gehandhabt wird. Wenn sie jedoch undifferenziert ausgegrenzt wird, geht etwas wichtiges verloren. Ich möchte so sagen: Die Ausgrenzung der Astrologie aus der Kirche heute ist signifikant für den Verlust der kosmischen Dimension in der kirchlichen Theologie und Verkündigung. Was meint das: kosmische Dimension? Was meint: kosmisches Bewußtsein? Ich möchte das mit meinem dritten Zugang zu entfalten versuchen: mit meinem psychologischen Interesse an der Astrologie.

Wirklich gestoßen bin ich auf die Astrologie nicht durch das Horoskop auf unserem Kirchturmgrundstein, sondern – Ende der sechziger Jahre – durch eine tiefenpsychologische Analyse, bei der meine Therapeutin auch ein Horoskop benutzte.

Ziel (tiefen-)psychologischer Erfahrungsprozesse ist es, die eigene Persönlichkeit in ihrer Eigenart zu entdecken – als Voraussetzung der Freiheit, sie anzunehmen, und zwar in der Annahme der eigenen Begrenztheiten, aber auch der eigenen Möglichkeiten personalen Wirkens, die ja nicht nur ein Produkt der Geschichte, der Biographie sind, sondern vor allem auch Begabung, angelegt in der ureigensten Persönlichkeitsstruktur.

Jeder Mensch ist vom anderen verschieden. Auch das gehört zu unseren Erfahrungen. Jeder hat seine Eigenart. Doch ist es gar nicht einfach, die Unterschiede der Persönlichkeitsstruktur zu beschreiben, die verschiedenen Typen, ihre besonderen Fähigkeiten, zu charakterisieren. Wohl aber hat jeder für die Fähigkeiten, die er beim anderen feststellt, immer doch eine gewisse Verstehensmöglichkeit aufgrund von Erfahrungen, die er bei sich selbst macht. Er kennt die gleichen Fähigkeiten auch bei sich, wenn auch anders gelagert, anders ausgeprägt, in anderer »Mischung«, mit dem entsprechenden lateinischen Begriff: in anderem »Temperament« – bezogen auf die jeweils dominierenden Eigenschaften. Und so schwer es fällt, für diese Fähigkeiten die richtigen Begriffe zu finden, so sehr haben alle Menschen einen gemeinsamen Vorrat an seelischen Bildern als Voraussetzung gegenseitiger Verständigung, und dieser Vorrat beruht zu einem großen Teil auf Sinneseindrücken, die der Mensch elementar und unreflex so erfährt, daß sie in Entsprechung zu bestimmten Zuständen seines Seelenlebens stehen. Was ein »sonniger« Typ ist oder ein »launenhafter« (von lat. »luna« = Mond), bedarf keiner weiteren Begrifflichkeit, um verständlich zu sein. Die mittelalterliche Philosophie sprach von der Hinwendung zu den Sinneseindrücken (conversio ad phantasmata) als einem wesentlichen Teil des menschlichen Selbsterkenntnisprozesses. So wird verständlich, was mit der für die Astrologie grundlegenden Makrokosmos-Mikrokosmos-Entsprechung gemeint ist: Der Mensch erfährt sich als kleinen Kosmos, als »Mikrokosmos«, im Spiegel des Alls, des »Makrokosmos«. Hier sehe ich einen ersten Zugang zu dem, was mit dem Ausdruck »kosmische Dimension« gemeint ist.

Als Grundbestand des Kosmos gelten seit dem griechischen Philosophen Empedokles († um 430 v. Chr.) die vier Elemente Feuer, Luft, Wasser und Erde, verstanden als »elementare« Bausteine, aus denen das Gesamt der Welt gebildet ist. Sie decken sich also nicht mit dem, was wir in unserer Alltagserfahrung unter diesen Begriffen verstehen. »Element« ist auch nicht in der späteren Bedeutung heutiger Chemie gebraucht, sondern gleichsam ein Urbild, letztlich also eine geistige Wirklichkeit. Diesen Urbildern entsprechend im Menschen nach mittelalterlicher Lehre die körperlichen Aufbaustoffe (»Säfte«): dem »Feuer« entspricht die »Galle« (chole), der »Luft« das »Blut« (sanguis), dem »Wasser« der »Schleim« (phlegma), der »Erde« die »Schwarze Galle« (melancholia). Aufgrund unterschiedlicher Mischungsverhältnisse ergeben sich die verschiedenen »Temperamente«, in denen jeweils einer der Grundstoffe besonders dominiert.

So findet der Mensch – aufgrund der makrokosmisch-mikrokosmischen Entsprechung – die Elemente als eine Urerfahrung in irgendeiner Weise auch in sich selbst vor: Was ein »Feuerkopf« ist – bei dem gleichsam alles »fiebert« – oder wie sehr die klare und ungetrübte Luft für den Geist charakteristisch ist, weiß jeder; ebenso, daß ein stilles Wasser tief gründet oder daß jemand in seiner Schwerfälligkeit wie »festgemauert in der Erde« dastehen kann. Solche Assoziationen sind freilich lediglich eine Hilfe, sich das Gemeinte zu veranschaulichen, und es ist immer zu berücksichtigen, daß alle Bilder menschlicher Urerfahrung mehrere Gesichter haben und ambivalent sind.

Die alte Elementen-Lehre begreift den Menschen also in seiner psychosomatischen Einheit, welche die neuzeitliche Medizin lange Zeit aus dem Auge verloren hatte, die unsere Sprache jedoch zum Ausdruck bringt, wenn wir etwa sagen: »Die Galle läuft mir über«, »dies bereitet mir Kopfschmerzen« oder »jenes kann ich nicht verdauen«. Dabei entspricht es unserer Erfahrung, daß die Menschen somatisch unterschiedlich auf psychische Schwierigkeiten reagieren: mit Kopfschmerzen, mit den Verdauungsorganen, mit Atembeklemmungen oder Herz- und Kreislaufschwäche. Die Elementen-Lehre bringt diese Unterschiede in mikrokosmisch-makrokosmischer Entsprechung dadurch zum Ausdruck, daß sie einerseits den Organen und Gliedern des menschlichen Körpers bestimmte Tierkreiszeichen zuordnet – z. B. Löwe dem Herzen, Krebs den Verdauungsorganen –, andererseits jedes Tierkreiszeichen durch eines der Elemente bestimmt sieht, z. B. Löwe als ein Feuer-Zeichen und Krebs als ein Wasser-Zeichen charakterisiert. Die Einsicht in diese psychosomatische Einheit ist ein zweiter Zugang zum Verständnis der kosmischen Dimension des Menschen.

Wenn es in der Tat astrologisch möglich ist, solche Unterschiede bewußt zu machen und darüber hinaus im Horoskop die besonderen Ausprägungen des jeweiligen Horoskopeigners zur Darstellung zu bringen, dann wird von diesem anthropologischen Ansatz her deutlich, daß solcherart astrologische Aussagen nur insofern die menschliche Freiheit eingrenzen, als das überhaupt dadurch geschieht, daß jeder Mensch so und nicht anders ist. Kein Mensch tritt gleichsam als »unbeschriebenes Blatt« ins Leben. Vielmehr sind jedem je eigene Möglichkeiten und Grenzen der Entfaltung vorgegeben. Der Mensch gewinnt seine Freiheit, indem er sich in diese seine Vorgegebenheiten einschwingt. Das bedeutet freilich gleichzeitig die Freiheit, es nicht zu tun und sozusagen in einem Nein zu sich selbst zu leben.

Die Astrologie beschäftigt sich aufgrund der Entsprechung von Mikrokosmos und Makrokosmos – verdichtet im Bild der Planetenkonstellation – mit der Persönlichkeitsstruktur und den Entwicklungstendenzen, die im Menschen grundgelegt und in der Planetenkonstellation am Himmel abzulesen sind. Sie leugnet nicht, daß es darüber hinaus viele andere Faktoren gibt, die den Lebensweg eines Menschen mitbestimmen. Sie negiert vor allem nicht den Spielraum menschlicher Freiheit. Die christlichen Astrologen des Mittelalters sagten: Astra inclinant, non necessitant. Das heißt: Die Sterne geben die Richtung an, nicht aber Zwänge. Die Intention dieses Grundsatzes ist es, jeden kosmischen Determinismus, jedes Festgelegtsein des Menschen durch die Konstellation der Gestirne ausdrücklich abzulehnen, zugleich jedoch eine »kosmische Bedingtheit der Psyche« zu betonen.

Um sich selbst zu finden, bedarf es der Selbsterkenntnis. Wenn die Voraussetzungen, auf denen die Astrologie beruht, stimmen, dann kann das Horoskop dazu eine Hilfe sein. Ein Horoskop kann seinen Wert als ein Meditationsbild haben: zur Erspürung der Begabungen und Begrenzungen des Horoskopeigners.

Astrologie und Theologie

Ich sagte schon: Die »elementar« vorgestellten Kräfte im Menschen sind nicht nur vielgesichtig, sondern vor allem auch ambivalent: Sie können als Tugenden oder als Laster wirksam werden. Merkur ist der Gott der Kaufleute und auch der Diebe. Diese Ambivalenz wird etwa von Dante in seiner »Göttlichen Komödie« eindrucksvoll zum Ausdruck gebracht, und zwar aufgrund der Entsprechung, in der die drei Teile – Hölle (Inferno), Läuterungsberg (Purgatorio) und himmlisches Paradies (Paradiso) – miteinander verbunden sind. Im Paradiso gelangt der Dichter stufenweise zu den Planetensphären, in denen er jeweils Seelen solcher Vollendeten begegnet, deren tugendhafte Heiligkeit in astrologischer Deutung gerade dem Planeten entspricht, dem sie nun zugeordnet sind »zum Zeichen des tiefsten Zustandes, drin sie selig schweben« (IV. Gesang), und sie haben kein Verlangen, etwa zu einer höheren Sphäre aufzusteigen; denn jeder hat seine Seligkeit in dem Kreis, der dem Willen Gottes für ihn entspricht. Den sieben Planetensphären im Paradiso, beginnend mit der Mondsphäre, entsprechen im Inferno und im Purgatorio die sieben Kreise der Verurteilten bzw. der Büßer, die durch je eine der Hauptstünden – gemäß der im Mittelalter klassisch gewordenen Aufzählung – gekennzeichnet sind: Stolz, Neid, Zorn, Herzensträgheit, Geiz, Gaumenlust (Völlerei) und Sinnlichkeit.

Es bleibt zu bedenken, daß solche Zuordnungen assoziativer Art sind und darum auch variabel. Entscheidend ist, daß die Sünden nicht nur als mangelnde Tugendhaftigkeit verstanden werden, sondern als Laster, als die perversen, weil egozentrischen Verwirklichungen der gleichen Kräfte, die in Ausrichtung auf die schöpfungsgemäße kosmische Ordnung als Tugenden wirksam werden.

Wie immer man Tugenden und Laster im einzelnen einander zuordnen mag: daß es sich um zwei Verwirklichungsmöglichkeiten der gleichen Kräfte im Menschen handelt, hat Konsequenzen, die in der kirchlichen Verkündigung in der Neuzeit kaum noch bedacht werden: daß Heiligung nur als ein Weg der Verwandlung, der Integration möglich ist. Tugend ist nicht verdrängte, sondern verwandelte, integrierte Leidenschaft, Laster ist ihre sündhafte Perversion. Das Wort »Leidenschaft« mag andeuten, daß es sich auf diesem Weg nicht nur um eine Änderung des Willens handelt, sondern um eine Läuterung, die auch die Leiblichkeit, die Sinneseinstellung, den gesamten Mikrokosmos in seiner makrokosmischen Ausrichtung einbeziehen muß. Hier liegt mein eigentliches – theologisches! – Interesse an der Astrologie, und hier mag deutlich werden, was ich meinte, wenn ich sagte, der Verlust der Astrologie sei signifikant für den Verlust der kosmischen Dimension in der kirchlichen Theologie und Verkündigung.

Grundlage der Astrologie ist also eine Entsprechung von Makrokosmos und Mikrokosmos. Diese wird im Horoskop zur Darstellung gebracht – im Blick auf die Planeten. Dabei wird vorausgesetzt, daß das, was an den Planeten beobachtet wird, für den gesamten Makrokosmos gilt. Das war in der Tat die Überzeugung der Antike und des Mittelalters: Sie sahen im Verhältnis der Planeten zueinander eine Harmonie, die – als »Sphärenmusik« – im ganzen Universum waltet und auch in den Gesteinen und Metallen, in der Flora und in der Fauna und schließlich auch im Menschen, in seiner Seele, aber auch in den Organen und Gliedern seines Leibes, ihre Entsprechungen hat. In der Antike (und im Mittelalter) führte die Astrologie also nicht ein isoliertes Dasein. Sie hatte ihren Platz im Rahmen der Lehre von der umgreifenden Einheitswirklichkeit des Kosmos, die seit Pythagoras, über Platons Timaios bis hin zu Kepler als »Harmonie« verstanden wurde.

Daß – erstens – die Harmonie des Gesamtkosmos sich in den Sternen widerspiegelt und daß – zweitens – der Mensch in diese Harmonie eingebettet ist, war die Grundlage des antiken Bildungsprogrammes der »Freien Künste«. Die rein biologische Anlage zur Harmonie, die der Mensch mit allem Lebendigen gemein hat, ethisch zu vervollkommnen, war das spezifisch menschliche Anliegen der Bildung.

Das Wissen um die Entsprechung von Kosmos und Mensch in der einen Schöpfung ist Voraussetzung auch für die mittelalterliche Nutzung der Heilkraft der Natur. Man verfuhr in der Heilkunde nach dem Grundsatz »similia similibus« – d. h.: kranke Organe sind durch ihnen entsprechende Kräfte zu heilen –, oder man verordnete nach der Maxime »contraria contrariis« die mangelnde Gegenkraft.

Diese Heilkunde hat immer einen doppelten Bezug im Auge:

1. die Einheit von Leib und Seele und 2. die durch die Ursünde bedingte Unheilssituation des Menschen als Grund all seiner Krankheiten. Der Mensch ist krank, weil das kosmische Kräftespiel in Unordnung geraten ist, weil das Einzelne nicht mehr im Dienst des Ganzen steht, weil das Ganze gespalten ist und auseinanderstrebt und der Mensch im Sog dieser Desintegration

steht. Heilung besteht darum in der Umkehr dieser Bewegung. Heilung suchen erfordert also, den Weg der Re-Integration zu gehen, die einzelnen Kräfte im Menschen entsprechend ihrer ursprünglichen Bestimmung wieder auszurichten auf den Dienst am Ganzen.

Das Horoskop, als Meditationsbild verstanden, kann eine Hilfe sein zu Einsichten, die sich freilich auch auf anderen Wegen und niemals ausschließlich astrologisch gewinnen lassen. Sobald Astrologie sich als Heilslehre versteht, stößt sie auf die Kritik des christlichen Glaubens. Schon Augustinus hatte das antike Bildungsprogramm kritisch relativiert, nachdem er in der Erfahrung der Sündhaftigkeit der in der Welt wie im Menschen wirksamen Mächte den christlichen Glauben als Weg zur Vollkommenheit erkannt hatte. Diese sündigen Mächte – das ist christliche Überzeugung – halten den Menschen in einem dem wahren Leben entfremdeten Dasein gefangen und lassen einen Weg der Selbsterlösung, der ethischen Vervollkommnung aus eigener Kraft nicht zu. Gerade das hatte ja die Geschichte des klassischen Griechenland gelehrt, in der auch nach dem optimistischen Schritt »vom Mythos zum Logos« (W. Nestle) die großen Tragiker auf die zerstörerischen Schicksalsmächte aufmerksam gemacht hatten, in denen sich das menschliche Leben unausweichlich verstrickt, und ihr Realismus erwies sich schließlich als wirksamer. Ich denke, das ist eine Urerfahrung, die auch heute gilt. Das psychosomatische Verständnis von Heil bedeutet ja auch nicht, daß der Tod nun im Sinne eines sehr fraglichen Verständnisses von »anima sana in corpore sano« überwunden wäre.

Das christliche Heilszeichen ist das Kreuz: das Kreuz Christi, des Sohnes Gottes, als Zeichen der Überwindung des Todes, zugleich als Bild der wieder gewonnenen rechten Zuordnung der verschiedenen Dimensionen des Menschen, das auch in die ganze Schöpfung geheimnisvoll gleichsam hineinverwoben ist. Mit einem breiten Strom christlicher Überlieferung auch letzteres zu betonen wird freilich oft schon als eine Aushöhlung der christlichen Kreuzesbotschaft verdächtigt, als Perversion, als Aberglaube. Damit komme ich zu einer weiteren Unterscheidung:

Aberglaube: Perversion der Vernunft – Perversion des Glaubens

Aberglaube meint, theologisch gesehen, zunächst eine Perversion des Glaubens, also Mißglaube, eine – vom Glauben her gesehen – falsche Weise, Phänomenen (»Elementarmächten«) zu begegnen, die durchaus existent sind und vielleicht gerade dadurch ihre Macht ausüben, daß man ängstlich bemüht ist, sie in den Griff zu bekommen.

»Aberglaube« kann aber auch eine Perversion der Vernunft bezeichnen, also so viel wie »Unsinn« besagen: etwas für objektiv wirklich halten, das nur in der subjektiven Einbildung existiert. Maßstab für die Beurteilung der Astrologie als Aberglaube in diesem Sinn ist heute zumeist die Logik des naturwissenschaftlich-technischen Denkens der neuzeitlichen Aufklärung. Diese kann aber nicht Grundlage eines theologischen Urteils sein. Freilich wäre bei erwiesener Unsinnigkeit auch keine verantwortliche Astrologie möglich. Doch ist zu fragen, ob die aufklärerische Kritik die Astrologie überhaupt trifft oder ob ihre Logik nicht einem zu sehr eingegrenzten Wirklichkeitsverständnis entstammt. Das sei an einer zweiten Unterscheidung verdeutlicht.

Ursächlichkeit: causa instrumentalis – causa exemplaris

Wenn astrologisch eine Bedeutung des Planetenstandes für den Menschen behauptet wird, verleitet die uns heute geläufige naturwissenschaftliche Logik dazu, diese Bedeutung im Sinne einer Ursache-Wirkung-Beziehung zu verstehen, instrumentalursächlich also, und man denkt etwa an Strahlen, Magnetfelder oder ähnliche physikalische Phänomene, die, von den Planeten ausgehend, einen Einfluß auf den Menschen ausüben. Mit solcherart physikalischer Wirksamkeit jedoch befaßt sich die Astrologie nicht. Welche Beziehungen demgegenüber sie ins Auge faßt, möchte ich an einem Beispiel erläutern: Wenn jemand in eine Kirche kommt, in der auf einer Orgel gespielt wird, und er will nun untersuchen, warum er von diesem Orgelspiel so fasziniert ist, dann kann er sich einerseits für die Bauart des Instruments interessieren, das den Klang hervorbringt, für die chemische Zusammensetzung des Materials, für die physikalischen Gesetze, die beachtet wurden, für die »Instrumental-Ursache« also, die zum Forschungsgebiet der Naturwissenschaftler und Techniker gehört. Er kann sich aber auch – als Musikwissenschaftler – mit der Struktur des Musikstückes befassen; das wird ihm ein tieferes Verständnis dafür erschließen, nach welchen Gesetzen bestimmte menschliche Gemütsbewegungen musikalisch ihren Ausdruck finden und – umgekehrt – durch ein Musikstück hervorgerufen werden können. Über bloße Feststellungen solcher Gesetzmäßigkeiten und ihrer Anwendung im konkreten Fall wird seine Untersuchung freilich nicht hinauskommen. Der letzte Grund dafür, daß z. B. eine Melodie von Mozart andere Wirkungen hervorruft als eine von Bach, warum der eine Hörer für diese, der andere für jene mehr Sympathie empfindet, liegt in einer Art seelischer Verwandtschaft zwischen einerseits dem Hörer und andererseits dem Komponisten und dem Organisten, die in diese Melodie gleichsam ihre Seele hineingelegt haben. Diese Verwandtschaft kann nicht »bewiesen« werden; sie wird einfach erfahren.

Weil sich die Astrologie mit solcher »Verwandtschaft«, mit den Entsprechungen zwischen dem »Bild« der Planetenkonstellation am Himmel und dem Wesen des Menschen befaßt und nicht mit einer den Planeten zugeschriebenen – etwa durch Strahlen wirksamen – Instrumentalursächlichkeit, darum ist die Bedeutung des Planetenhimmels für den Menschen grundsätzlich nicht nach Art eines naturwissenschaftlich überprüfbaren Kausalzusammenhangs in den Griff zu bekommen. Die astrologische »Wirkung« z. B. des Mondes ist also nicht nach dem Phänomen von Ebbe und Flut zu denken. Gegenstand der Astrologie ist nicht die materielle und energetische Wirkung des Planetenhimmels, sondern seine Bildwirklichkeit in ihrer semantischen Bedeutung.

Hiermit ist im Rückgriff auf – freilich nicht immer konsequent durchgehaltene – mittelalterliche Tradition und mit bewußtem Verzicht auf eine naturwissenschaftliche Erklärung astrologischer Wirklichkeit eine deutliche Abgrenzung vorgenommen gegenüber dem Großteil der heutigen Astrologen. Diese sind in ihren Denkkategorien – zumeist unreflektiert – »naturwissenschaftlich« orientiert. Sie verstehen Astrologie beispielsweise als »Kosmobiologie«, geraten so freilich sozusagen systemimmanent umso heftiger mit den Naturwissenschaften in Konflikt.

Der Verzicht auf naturwissenschaftliche Erklärung dispensiert uns freilich nicht von der Frage, ob die behaupteten Entsprechungen als Wirklichkeit zumindest einsichtig gemacht werden können. Was ich über die Sinneswahrnehmungen als Voraussetzung menschlicher Selbsterkenntnis sagte, daß es zudem so etwas wie in allen Menschen wirksame Urbilder, gemeinsame Archetypen gibt, daß Menschen einander verstehen können, aber auch die erwähnten psychosomatischen Zusammenhänge: all das ist instrumentalursächlich nicht erklärbar. Ebenso wenig die menschlichen Reaktionen auf die der Natur eingestifteten Proportionsgesetze, daß wir mit unserem Ohr wahrgenommene Zahlenverhältnisse unbeirrbar als Harmonien (etwa das zu Gehör gebrachte Verhältnis 1:2 als Oktave) empfinden.

C. G. Jung weist auch auf die auffällige Tatsache einer »Synchronizität« paralleler Phänomene hin. Ihm scheint, daß die Zeit »ein konkretes Kontinuum sei, welches Qualitäten oder Grundbedingungen enthält, die sich in relativer Gleichzeitigkeit an verschiedenen Orten in kausal nicht zu erklärendem Parallelismus manifestieren können, wie z. B. in Fällen von gleichzeitigem Erscheinen von identischen Gedanken, Symbolen oder psychischen Zuständen«. Ist unsere Welt nicht vielleicht doch ein Kosmos, eine letztlich geistdurchwirkte Einheit, deren Semantik sich freilich dem verschließt, der sich ihr verschließt? Daß der Geist nur durch den Geist erkannt wird, sagt schon Paulus (2. Kor 2). Die Welt in dieser Weise »ganzheitlich« zu sehen, ist nicht erst eine Entdeckung des New Age.

Astrologie: Spiegelung der Selbsterfahrung des Menschen

Es dürfte deutlich geworden sein, daß nicht von einer »Welt an sich« die Rede ist, sondern von der Welt in ihrer Relation zum Menschen, vom Menschen in seiner Welt. Das zeigt sich besonders dort, wo die Astrologie gegen alle Einwände der Naturwissenschaften an ihrem traditionellen System festhält:

a) Sie ist trotz der kopernikanischen Wende weiterhin geozentrisch orientiert. Richtiger wäre es, von der Anthropozentrik der Astrologie zu sprechen: Der Mensch steht im Mittelpunkt des Horoskops. Jeden Morgen geht die Sonne auf, und jeden Abend geht sie unter. Das bleibt für uns eine Wirklichkeitserfahrung, auch wenn wir theoretisch wissen, daß die Drehung der Erde um ihre eigene Achse der Grund für diese scheinbare Bewegung der Sonne ist.

b) Zum wichtigsten Rüstzeug der Astrologie gehört der Mythos. Die Planeten tragen Namen mythischer Gottheiten. Diese sind zugleich Spiegelbilder der in der menschlichen Seele wirksamen Kräfte. Was im Mythos zu den einzelnen Göttergestalten assoziiert wird, dient auch in der Astrologie dazu, zum Ausdruck zu bringen, was den Planeten, die ihre Namen tragen, im Menschen entspricht. Wie weit die in unserem Kulturkreis gleichsam kanonischen Göttergestalten umfassend und in adäquater Differenzierung die in jedem Menschen in irgendeiner Weise wirksamen Kräfte der Seele widerspiegeln, sei dahingestellt. Jedenfalls ist ihre Zuweisung zu den Planeten insofern nicht willkürlich, als sie seit alters auch in Entsprechung zum Erscheinungsbild des jeweiligen Planeten, zu seiner Färbung und zur Eigenart seiner Bewegungen gesehen werden.

Wir haben davon freilich heute kaum noch jene Anschauung, welche die Alten bewog, jedem Planeten den ihm eigenen Namen zu geben. Das hängt mit einem Wandel der Wahrnehmungsfähigkeit zusammen. Beim archaischen Menschen war die Wahrnehmungsfähigkeit offenbar sozusagen mit einem Langzeitgedächtnis gekoppelt – so wie wenn einer eine Melodie auch dann noch als solche erkennt, wenn jeweils erst nach großem zeitlichem Abstand ein weiterer Ton erklingt. Unsere Wahrnehmung heute ist punktuell, atomisierend und nicht darauf angelegt, in der augenblicklichen Position eines Planeten seine gesamte Bewegung mitzusehen und so den Augenblick als Verdichtung, als Kairos zu fassen.

Als Spiegelung der menschlichen Seele erschließt sich der Mythos in der Selbsterfahrung des Menschen, ist er nicht objektiv zu definieren, dafür aber offen für Anreicherungen, für »Bewußtseinserweiterungen«.

c) Ausdruck menschlicher Erfahrungen sind auch die Namen der »Tierkreiszeichen«. Im Unterschied zu den gleichnamigen »Sternenbildern«, d. h. den bekannten Fixsternkombinationen, von der Erde aus gesehen entlang der jährlichen Bahn der Sonne um die Erde (Ekliptik), sind die »Tierkreiszeichen« zwölf Bogenabschnitte von 30° auf der Ekliptik, beginnend mit dem »Frühlingspunkt«. Die Namen der zwölf Tierkreiszeichen sind symbolträchtige Charakterisierungen der verschiedenen Stadien des Lebens, die die Sonne Jahr für Jahr im Wechsel ihrer Position von einem Zeichen zum anderen in der Natur hervorruft. Wenn z. B. das erste Zeichen den Namen Widder trägt, soll damit also nicht gesagt sein, daß das gleichnamige Sternbild die Gestalt des Widders habe, sondern daß die Natur zu der Zeit, da die Sonne in diesem Zeichen steht, der Sprunghaftigkeit eines Widders vergleichbar zu sprießen beginnt und ihre jugendhafte Vitalität auch im Menschen erfahren wird.

Da die Erdachse nicht ganz parallel zu einer festen Richtung bleibt, sondern einem schräg laufenden Kreisel vergleichbar langsam rotiert, verschiebt sich auf der Ekliptik ganz langsam die Stellung der Sonne zur Zeit der Frühlings-Tag-und-Nacht-Gleiche (»Präzession der Äquinoktien«), und zwar so, daß sie innerhalb von etwa 25800 Jahren (in einem sog. »Platonischen Jahr«) rückläufig – wiederum: von der Erde aus gesehen – einmal alle Sternbilder durchwandert. Infolgedessen steht die Sonne, während sie das Tierkreiszeichen Widder durchwandert, nicht mehr gleichzeitig auch im Sternbild Widder. Darum sind Tierkreiszeichen und Sternbilder auseinanderzuhalten. Die astrologische Deutung berücksichtigt die durch die Präzession der Äquinoktien veränderten himmlischen Proportionen insofern, als sie den gesamten Zeitraum von gut 2000 Jahren, in dem der Frühlingspunkt durch ein Sternbild wandert, kulturgeschichtlich – einer Großwetterlage vergleichbar – von diesem charakterisiert sieht. Das ist gemeint, wenn z. B. vom Wassermann-Zeitalter gesprochen wird: Der Frühlingspunkt ist in das Sternbild des Wassermanns eingetreten.

Alfons Rosenberg (Durchbruch zur Zukunft. Der Mensch im Wassermann-Zeitalter, Bietigheim[2] 1971) hat darauf hingewiesen, daß der Begriff »Revolution« ursprünglich dem Bereich der Astronomie-Astrologie entstammt und die Umschwünge des Sternenhimmels bezeichnete. Das Wort Revolution weise demnach ursprünglich auf die kosmischen Zyklen und Gesetze und werde erst seit der Mitte des 14. Jahrhunderts auch für die Wandlungen und Umschwünge im politischen und sozialen Bereich verstanden. Astrologische Geschichtsbetrachtung könnte lehren, daß das, was aus der Sicht des Alten als Untergang erscheint, in allem Schmerz des Umbruchs der Anbruch eines unvermeidlichen Wandels ist und daß die Kategorien des vergehenden Zeitalters nicht hinreichen, das neue zu beurteilen. Der neue Mensch wird neu die ihm gemäße Gestalt seines Lebens finden müssen »nach dem Plan dessen, der alles so verwirklicht, wie ER es in seinem Willen beschließt« (Eph 1,11).

Es wird sich freilich bald zeigen, daß auch dieser neue Mensch – theologisch gesprochen – der alte ist: auch er in Sünde und gebrechlich. Er hat neue Möglichkeiten, aber auch neue Grenzen. Theologisch ist der neue Mensch der, in dem Christus Gestalt gewinnt. Die Orthodoxen nennen das die Vergöttlichung des Menschen, und es ist wahrlich ein kosmisches Ereignis, das ihn mit der Christus-Wirklichkeit überall in dieser Welt in Verbindung bringt.

Okkultismus und Seelsorge[1)]

Johannes Mischo

1. Historische Wurzeln

Die heutzutage vielbesprochene und – beschriebene »okkulte Welle« oder »okkulte Explosion« – so ernst wir sie auch nehmen müssen – hat ihre Vorläufer.

1. Der »Okkultismus« von heute ist kein spezifisches Produkt unserer Zeit. Seine Wurzeln lassen sich zurückverfolgen bis zu Paracelsus (1493–1541) und Agrippa von Nettesheim (1486–1535), zu einem Zeitraum, in dem Chemie und Alchemie, Astrologie und Astronomie, Medizin und medizinisch-magische Praktiken, unkritische Teufelsgläubigkeit und ebenso unkritische »Gotteingegebenheit« von Privatoffenbarungen und Visionen miteinander vermischt waren. Man hatte die Wirkung des Unbewußten auf den eigenen Körper, das eigene Erleben und Verhalten, sowie die zwischenmenschlichen Beziehungen noch nicht entdeckt.

2. Viele der damals und vielerorts auch heute noch als »okkult« angesehenen *Phänomene* wurden von der Wissenschaft – auch wenn sie sich zunächst sträubte –

befriedigend aufgehellt und in einen logisch stringenten Erklärungszusammenhang eingeordnet. Aber die *vorwissenschaftlichen, mythologischen Interpretationen* haben sich bis heute gehalten. Ich denke da an »Botschaften aus dem Jenseits«, wie sie durch die tanzenden Tische, automatisches Schreiben, Glasrücken oder das siderische Pendel vermittelt wurden, an die Omnipotenzfunktion der Hypnose, an unkritische Witterung von Dämonen und Geistern ebenso wie an das, was heute als »New Age-Erkenntnisse und -Techniken« im Esoterik- und Okkultbereich recht gewinnbringend vermarktet wird. Damit zeigt sich die Januskopfigkeit des Okkulten zwischen wissenschaftlichen Bemühungen und einer resistenten »Okkultgläubigkeit« – hier Glaube verstanden als ein »Fürwahrhalten«.

2. Okkultgläubigkeit – ein Babylon der Sprachverwirrung

Der Begriff Okkultismus leitet sich bekanntlich aus dem lateinischen Occultum, das Verborgene, Geheimnisvolle ab.

2.1. Was ist okkult?

Um die Jahrhundertwende formulierte Kiesewetter, der sich mit der Geschichte des Okkultismus im Altertum und in der Neuzeit auseinandergesetzt hat, den Begriff so:

> »Ich verstehe unter okkulten Vorgängen alle jene, von der offiziellen Wissenschaft noch nicht allgemein anerkannten

> Erscheinungen des Natur- und Seelenlebens, deren Ursache den Sinnen verborgene, okkulte sind und unter Okkultismus die theoretische und praktische Beschäftigung mit diesen Tatsachen bzw. deren allseitige Erforschung«.[2)]

In diesem Sinn wäre das Okkulte ein Sammelbegriff für all das Wissen, das von der herkömmlichen Wissenschaft abgelehnt wird, wie es der Soziologe James Webb (1974) formulierte. Ähnlich bezeichnete Marcello Truzzi (1971) das Okkulte als beobachtete Anomalien in unserem Wissenschaftsgefüge, das (noch?) nicht eingeordnet werden könne. Alle diese Definitionen erscheinen mir jedoch heute in dieser Form unzutreffend. Das soll hier verdeutlicht werden. Theodor Adorno sagt: »Okkultismus ist die Metaphysik der dummen Kerle«. Und der amerikanische Theologe M. Perry (1984) schreibt in seinem Buch »Psychic studies – a christian's view«:

> »Die Faszination vom Okkulten ist das Zeichen einer spirituellen Krankheit. Es ist das Zeichen einer menschlichen Psyche, die in die falsche Richtung schaut. Diejenigen, die den Okkultweg eingeschlagen haben, werden weder in ihrer persönlichen Reife fortschreiten, noch mit Gott oder den Menschen ins Reine kommen ... Diejenigen, die vom Okkulten fasziniert sind, werden das, was sie suchen, nicht finden«.[3)]

Was von Kiesewetter um die Jahrhundertwende in seinem formalen Definitionsversuch als wertneutral verstanden und formuliert wurde, hat inzwischen eine abwertende Bedeutung erfahren. Weiter fehlt in allen mir bisher bekannt gewordenen Definitionen eine genaue inhaltliche Abgrenzung: was ist »okkult« und was nicht. Dies ist auch kaum möglich, weil die

Zukunftsperspektive fehlt: was vorgestern noch wissenschaftlich unaufgehellt war, kann gestern schon eine befriedigende Untersuchung erfahren haben. Der Spezialist weiß das heute – der Mann auf der Straße nicht. Es ist also auch eine Frage des Informationsvorsprunges oder Informationsdefizites, die bei der Festlegung »okkult« eine Rolle spielt. Und vergessen wir nicht die mangelnde Akzeptanz neuer wissenschaftlicher Einsichten oder die totale Abschottung gegenüber längst gesicherten Tatbeständen. Ich möchte dies an einem Beispiel verdeutlichen: Als um die Mitte des vorigen Jahrhunderts die spiritistische Welle Europa überflutete, veröffentlichte der französische Physiker Chevreul (1854) seine Untersuchungen über die Wünschelrute, das Pendel und die tanzenden Tische. Er konnte nachweisen, daß die Bewegungen dieser, auch heute noch beliebten »Okkultpraktiken«, auf unwillkürliche Muskelbewegungen zurückgehen, was ihm von so bekannten Kollegen wie Ampère bestätigt wurde. Die psychologische Seite dieses Vorgangs wurde von dem bekannten französischen Psychopathologen P. Janet in seinem Werk »L'automatisme psychologique« (1886) um die Probleme des Kristallsehens, des automatischen Schreibens und des Glasrückens (bei dem sich »Geister« meldeten), erweitert und befriedigend aufgeklärt. Seitdem gibt es eine Fülle weiterer Untersuchungen. Aber die psychische Epidemie des »Glasrückens«, der damit verbundene »Geisterglaube« und die Unkenntnis der psychischen Gefahren hält weiter an, ja sie feiert geradezu fröhlich Auferstehung.

Es spielt also die Mentalität des Zugangsweges zu den infragestehenden Phänomenen eine entscheidende Rolle. Und hier muß man den reflektiert-wissenschaftlichen Zugang vom unreflektiert-naiven Zugang trennen.

2.2. Unterschiedliche Zugangswege zu den Phänomenen und deren Interpretation

Den unterschiedlichen Zugang möchte ich anhand von drei Ausgangspositionen verdeutlichen: der Einstellung gegenüber dem Forschungsgegenstand, dem Umgang mit ihm und dem Ziel. Der unreflektierte auf Konsum bedachte Umgang wird kritiklos Überliefertes oder Angelesenes übernehmen, sich teilweise oder total damit identifizieren. Vom Wissenschaftler hingegen wird eine kritische Distanzierung gegenüber seinem Forschungsgegenstand gefordert. Ihn interessieren in erster Linie die Phänomene selbst, ihre saubere Beschreibung und Analyse und – unter wissenschaftsgeschichtlichen und sozial-psychologischen Aspekten – erst in zweiter Linie die Mythen, die sich um die angeblichen Phänomene ranken. Während der Wissenschaftler in einer rational gesteuerten Prüfung dem Methodenkanon seiner Forschungsrichtung folgt und logische Untersuchungsstrategien entwirft, werden sich im unreflektierten Zugang prälogisches Denken finden, eine vorschnelle Akzeptanz von Mythen und entsprechenden Handlungsbereitschaften für »magische« Praktiken. Diese zielen ab auf eine praktische Nutzanwen-

Okkultismus

»occultum«, das Verborgene, Geheimnisvolle, Mysterium, von der herkömmlichen Wissenschaft abgelehnt

Reflektierter wissenschaftlicher Zugang:
- kritische Distanzierung gegenüber dem Forschungsgegenstand
- rational gesteuerte Überprüfung, »Methodenkanon«, logische Untersuchungsstrategien
- Hypothesenprüfung

Historische Vorläufer
- Besessenheitsparadigma (Gaßner)
- Animaler Magnetismus (Messmer)
- Spiritismus
- Dialektische Gesellschaft (London)
- »Society for Psychical Research« Anfänge der Parapsychologie

Parapsychologie

Unreflektierter naiver Zugang:
- kritiklose Übernahme, totale oder partielle Identifikation
- praelogisches Denken, Akzeptanz von »Mythen«, Handlungsbereitschaft für »magische« Praktiken
- praktische Nutzanwendung

Antriebe, Bedürfnisse
- Neugier
- Wunsch nach »gnostischen« Erkenntnissen
- Überwindung der Ichgrenzen
- Sicherungsbedürfnis
- Einklang mit »guten« Mächten
- Überlistung von »bösen« Mächten

Ziele
- Gegenwart erkennen (Ich, Du)
- Zukunft vorhersehen
- Angst vor dem Tod überwinden
- Bestätigung im Kreise Gleichgesinnter zur Vermeidung kognitiver und emotionaler Dissonanzen
- Bildung von Subkulturen oder Sekten

Abb. 1: Unterschiedliche Zugangswege zu »okkulten« Phänomenen

dung, wohingegen der Wissenschaftler Hypothesen aufstellt und überprüft, entweder verifiziert oder falsifiziert.

Bei der Hinwendung zum Okkulten lassen sich zwei unterschiedliche Triaden von Antrieben und Zielen unterscheiden. Die erste Triade umfaßt als Motivbündel reine Neugier, den Wunsch nach »gnostischem« Erkenntnisgewinn. Man möchte mehr über die rätselhaften Phänomene wissen und die persönlichen Erfahrungen als Techniken der Bewußtseinserweiterung einsetzen, um die natürlichen Ichgrenzen zu überschreiten. Es ist vor allem die junge Generation, bei der sich dieses Syndrom findet. Das erwünschte Ziel steht in Zusammenhang mit der Identitätsfindung: sich selbst und Partner besser zu erkennen und vielleicht ein kleines Stück Zukunft zu schnuppern. Im Mittelpunkt der zweiten Triade – sie findet sich vor allem bei Menschen, die das Adoleszenzalter hinter sich haben – steht die Befriedigung des Sicherheitsbedürfnisses. Als »magisch« empfundene Praktiken sollen dazu dienen, einen Einklang mit »guten Mächten« herbeizuführen, drohende böse Mächte zu überlisten. Diese onto- und phylogenetisch regressive Form der Angst- und Konfliktbewältigung ist zumeist stark verfestigt, schwer korrigierbar. Ihre primären Ziele sind: mit außergewöhnlichen Mitteln die Gegenwart erkennen, Zukunft vorherzusehen und mit Hilfe von »Botschaften aus dem Jenseits« durch eine Art experimentellen Nachweis die Angst vor dem Tod zu überwinden. Die praktische Nutzanwendung »okkulter« Techniken soll einen Vertrauensverlust oder eine Unfähigkeit zum Vertrauen – gegenüber Mitmenschen oder der Transzendenz – kompensieren. Da man sich abgehoben fühlt gegenüber der Masse andersdenkender Menschen, wird die Bestätigung im Kreis Gleichgesinnter gesucht. Das kann, aber muß nicht unbedingt zur Bildung von Subkulturen oder Sekten hinführen.

2.3. Historische Vorläufer des wissenschaftlichen Zugangs

In diesem Zusammenhang ist es unmöglich, die Entstehungsgeschichte der wissenschaftlichen Auseinandersetzung mit sogenannten »okkulten« Phänomenen aufzuzeigen. Als historische Vorläufer, die den Anstoß gaben, gelten zweifellos die induzierte »Besessenheitsepidemie« durch die Teufelsaustreibungen J. J. Gassners (1775), sowie die von Franz Anton Mesmer ausgehende Bewegung des »animalen Magnetismus«. Wer einen Blick in die neun Bände der »Gassneriana« (Streitschriften pro und contra) geworfen hat oder sich in der umfangreichen Literatur über den animalen Magnetismus umsieht, der wird erkennen, wie politische und weltanschauliche Vorannahmen und Rücksichten die Anerkennung der Hypnose über lange Zeit verhinderten, bevor die Ärzte Bernhein in Nancy, Charcot und Janet in Paris ihr zur wissenschaftlichen Reputation verhalfen. Ähnlich verlief die Entwicklung beim Spiritismus: nicht der Inhalt der »Botschaften von drüben« war aufsehenerregend, sondern die Entschlüsselung der unterbewußten Mechanismen, die Dissoziationsfähigkeit der menschlichen Psyche, die Personifizierung unterbewußter Komplexbildungen und ihre Äußerungen auf dem Weg über sogenannte »psychische Automatismen«. Die sich meldenden Entitäten – als »Geister« interpretiert – imponierten nicht so sehr durch ihre meist banalen Äußerungen, sondern durch ein »unerklärliches Wissen« und durch anscheinende Wirkungen auf materielle Objekte. Dieser Spur ging zuerst die »Dialektische Gesellschaft« in London nach, wenig später entstand daraus die »Society for Psychical Research«, deren erster Präsident die Aufgabenstellung so formulierte: diese Phänomene, die über Jahrtausende berichtet und tradiert wurden, vorurteilslos zu untersuchen und zu einer Entscheidung »so oder so« – animistisch oder spiritistisch, oder aber auf Betrug beruhend, aufzuklären. Hier liegt der Ursprung der Parapsychologie, der »Wissenschaft von den ›okkulten‹ Erscheinungen« – wie der Philosoph Hans Driesch es (1932) formulierte.

2.3.1. Parapsychologie – Fragestellung, Methoden und Ergebnisse

Die wissenschaftliche Parapsychologie will jenen Erfahrungen nachgehen, die »para« – neben den uns Vertrauten auftreten oder aufzutreten scheinen. Sie bedient sich dabei der bewährten Methoden der Natur- und Sozialwissenschaften.

Die erste Fragestellung der Parapsychologie bezieht sich auf eine Wahrnehmung außerhalb uns bekannter Sinnesorgane, kurz außersinnliche Wahrnehmung

(ASW) genannt. Dabei werden drei Modalitäten unterschieden:

a) Telepathie, das heißt ein direkter psychischer Kontakt zwischen Menschen unter Ausschluß normaler Sinneswahrnehmungen

b) Hellsehen als Informationserwerb von Vorgängen oder Sachverhalten, die keinem lebenden Menschen bekannt sind

c) Präkognition oder Vorauswissen, das weder durch Kombination erschlossen noch durch sich selbst erfüllende Prophezeiungen herbeigeführt werden kann.

Die zweite Fragestellung ergibt sich aus Berichten, die eine Untersuchung darüber fordern, ob die menschliche Psyche »direkt«, d. h. auf uns bislang noch unbekannten Wegen auf materielle Objekte einwirken könne. Dafür wird der Ausdruck Psychokinese (PK) verwandt. Als Oberbegriff für derartige »parapsychische« Vorgänge (ASW und PK) hat sich der griechische Buchstabe »Psi« eingebürgert.

Auf die knappste Formel gebracht, lassen sich die *Ergebnisse der parapsychologischen Forschung* folgendermaßen bilanzieren:

1. Aufgrund der quantitativ-statistischen Laborexperimente können ASW- und PK-Phänomene im Prinzip als nachgewiesen gelten. Psifähigkeiten sind beim Menschen allgemein verbreitet, aber unterschiedlich ausgeprägt.

2. Sie entziehen sich einer bewußten, willentlichen Steuerung und hängen von unbewußten seelischen Faktoren ab.

3. Veränderte Bewußtseinszustände, vor allem die Absenkung der Bewußtseinsschwelle, wie sie uns in Trance, Traum und Meditation begegnet, begünstigen das Auftreten von Psifähigkeiten.

4. Wie wir aus Laboratoriumsuntersuchungen wissen, spielen bei den Versuchspersonen der Glaube an ihre Fähigkeiten und den Erfolg im Experiment eine Rolle, Motivation und Stimmung, aber auch überdauernde Persönlichkeitszüge, wie Extraversion und Selbstsicherheit, sowie das emotionale Klima im Laboratorium.

5. Es gibt bislang keine Technik, durch die man zuverlässig »Psifähigkeiten« erlernen oder beherrschen könnte.

6. Aussagen von »Hellsehern« oder »medialen Lebensberatern« sind unzuverlässig. Kein Hellseher kann unterscheiden, was an seinem »Rat« auf praktische Menschenkenntnis, geschickte Kombinationsgabe, reine eigene Phantasie oder vielleicht auf ein Fünkchen Psi zurückgeht. Zu warnen ist vor allem im Hinblick auf Prophezeiungen vor einem unbewußten Erfüllungszwang der Klienten.

2.4. Okkulte Varianten einer »Parapsychologie«

Der Titel Parapsychologie ist nicht gesetzlich geschützt. Infolgedessen kann sich jeder als Parapsychologe bezeichnen, oder sein Elaborat als Parapsychologie verkaufen. Als Beispiel greife ich nur zwei Schulungsprogramme heraus, das Bewußtseinserweiterungsprogramm (–bep–) und ein Lehrplan Parapsychologie, wie er vom »Institut für Parapsychologie und Grenzwissenschaften e.V.« Pfarrkirchen, gegen eine beachtliche Summe vertrieben wird.

Aus diesem okkulten Konglomerat von der Raumenergie über die Bewußtseinserweiterung bis zur Lektion 26 über den Stein der Weisen sieht man die ganze Palette, die im Text selbst tiefgreifende Sehnsüchte und Erwartungen potentieller Kunden in einer unglaublich reißerischen Formulierung wahrheitswidrig anspricht.

Das Informationsbedürfnis wird dabei folgendermaßen stimuliert:

> »Durch das Studium der Parapsychologie werden Sie die fast unbeschränkte Macht Ihres Geistes und Willens kennen- und anwenden lernen und alle Kräfte, die schon latent in Ihnen ruhen, gezielt so einsetzen, daß sich Ihr Leben zum absolut Positiven wenden wird. Ein ›Unmöglich‹ wird es für Sie nicht mehr geben, und alle Ihre Wünsche werden in Erfüllung gehen.
> Bereits nach einigen Monaten Studium werden Sie Ihren Geist und Körper vollkommen beherrschen und in der Lage sein, telekinetisch Gegenstände zu bewegen, beispielsweise Würfel oder Roulettekugeln. Telepathisch werden Sie mit Ihren Mitmenschen in Kontakt treten oder diese auf geistigem Wege beeinflussen können. Ihre entwickelte Hellsehfähigkeit wird Sie alles sehen lassen, was Sie wünschen – ob es nun nah oder fern, in Gegenwart, Vergangenheit oder Zukunft liegt. Ihr Körper wird kein Gefängnis mehr für Ihren Geist sein. Sie können ihn nun jederzeit verlassen, um mit Ihrem ›Astralkörper‹ entfernte Orte aufzusuchen, an denen Ihnen sogar physikalische Einwirkungen möglich sind. Sie werden sich an Ihre früheren Erdenleben erinnern, die Schwerkraft aufheben oder mit Pendel und Wünschelrute vermißte Gegenstände, archäologische Relikte oder Wasseradern aufspüren.

Auch gesundheitlich wird es Ihnen besser denn je gehen: Ihre neuerworbenen geistigen Fähigkeiten erlauben neben dem Abbau von Nervosität und Depressionen auch die Beeinflussung des ganzen Körpers und damit die Beseitigung von Krankheiten, Schmerzen und Übergewicht«.[4)]

In diesem Zusammenhang muß auch das »Spirituelle Adressbuch 86/87« mit über tausend Adressen (Palmverlag, Claustal-Zellerfeld 1985) sowie der »Esoterikalmanach« (Rossipaulverlag, München 1986), gesehen werden, der ein Gesamtverzeichnis der Literatur über New Age, Psi, Astrologie, Lebenshilfe u.a. anpreist.

Die Schere zwischen dem weitverbreiteten Interesse der Bevölkerung an paranormalen oder okkulten Phänomenen und den Möglichkeiten für wissenschaftliche Forschung und Aufklärung auf diesem Gebiet geht immer weiter auseinander. Daraus ergeben sich drei negative Folgeerscheinungen:

1. »Parapsychologie/Psi« wird durch eine Fülle unkritischer Literatur pseudowissenschaftlicher Art kommerzialisiert. Oberflächliche, ungenaue und falsche Darstellungen des Forschungsgebietes erwecken unbegründete Ängste wie auch fehlgeleitete Hoffnungen.

2. Zahlreiche Laien- und Amateur-Parapsychologiegruppen führen unwissenschaftliche »Experimente« durch oder geben unkritisch Informationen an die Bevölkerung weiter, die zu schwerwiegenden Problemen bei den Betroffenen führen können.

3. Es zeichnet sich eine zunehmende Konjunktur für selbsternannte »Medien«, »Hellseher«, »Wahrsager« ab.

Diese handeln teils im guten Glauben, teils aber beuten sie bewußt und kommerziell gezielt die Sehnsüchte, Hoffnungen und Ängste von Teilen der Bevölkerung aus.

3. *Empirische Beiträge zum Psychogramm des »Okkultgläubigen«*

Anfang der 60er Jahre hat mein Kollege Sannwald zwei parallelisierte Stichproben von je 86 Versuchspersonen untersucht. Die eine hatte okkulte Erlebnisse berichtet, bei der Kontrollgruppe handelte es sich um Menschen, die über keine derartigen Erfahrungen verfügten. Mit Hilfe eines standardisierten Interviews, von Intelligenz-, Wahrnehmungs- und Persönlichkeitstests konnte er auf diese Weise das Persönlichkeitsbild der beiden Gruppen miteinander vergleichen und aus den signifikanten Abweichungen ein Psychogramm des Okkultgläubigen bestimmen.

3.1. *»Okkultgläubige« im Vergleich zu einer (parallelisierten) »Normalpopulation«*

»Die Angehörigen dieser Gruppe sind in ihrer psychischen Struktur relativ ungefestigt und labil. Ihre innere Unsicherheit und die häufige Beeinträchtigung des psychischen Gleichgewichtes durch äußere Einwirkungen haben zur Folge, daß die Welt, in der sie sich vorfinden, vielfach als gefährdend und bedrohend erlebt wird. Die Wechselfälle des Schicksales gelten als Manifestation einer unbeeinflußbaren, überpersönlichen Instanz: Die psychische Haltung folgt dem Auf und Ab dieses Wechselspieles als getreue Spiegelung. Aus dem Gefühl des Ausgeliefertseins entsteht das Bedürfnis, über die »Intentionen« des Schicksals Bescheid zu wissen. So greift man häufig zu gewissen Praktiken, die in Form von Orakeln okkulte Aufschlüsse über die eigene Person und die Zukunft geben sollen. Solche Praktiken sind Handliniendeutungen, Kartenlegen, Pendeln, Astrologie, Besuche bei Hellsehern usw., aber auch die Traumdeutung, der ebenfalls eine mantische Funktion zugesprochen wird, da die Träume weniger als Zugang zu unbewußten Konflikten, Strebungen und Wünschen genommen werden, sondern als Indikatoren für zukünftige Ereignisse.

Häufig wird außerhalb und über der realen Welt eine andere aufgebaut, in die man sich gerne zurückzieht, wenn man sich durch die Ansprüche der alltäglichen Wirklichkeit überfordert fühlt. Die mangelnde Fähigkeit zur Integration der realen Welt wird also kompensiert durch eine verstärkte Zuwendung zum Bereich des »Geistigen«. Man glaubt dann, die Welt, ihren Wesensgrund und die inneren Zusammenhänge viel besser zu verstehen als der Alltagsmensch, von dem man sich entschieden abheben möchte ... Bei manchen Personen dieser Gruppe findet sich die Tendenz, sich ein starres Weltbild aufzubauen, das zwar ihrer mit Nachdruck vertretenen Meinung zufolge alle Geheimnisse zwischen Himmel und Erde erklärt, in Wirklichkeit aber nichts weiter ist, als die gedankenlose Übernahme gewisser »okkulter« Weltanschauungen und Philosophien.

Indessen genügt dieser Rückzug in geistige Bereiche nicht immer, um das Gefühl der Bedrohung durch die reale Welt ganz zu verdrängen. So sucht man Zuflucht und Haltepunkt auch im mitmenschlichen Bereich. Das Anlehnungsbedürfnis an physisch und psychisch stärkere Menschen ist stark ausgeprägt, doch ist die Fähigkeit zu echter Bindung herabgesetzt, teils aber auch aus einem gewissen Mißtrauen gegenüber anderen Menschen, von denen man vielleicht nicht ernst genug genommen werden könnte. So klafft zwischen dem Anlehnungsbedürfnis und der zunehmenden Angst vor Enttäuschungen ein Zwiespalt, der nur schwer zu überbrücken ist und von dem aus wiederum die Isolierung und die Rückzugstendenzen begünstigt werden.

Stellt sich die Zuwendung zu einer »höheren«, »geistigen« Welt als der eine Weg des Ausweichens, aber auch des Selbstschutzes dar, so liegt ein anderer, damit verwandter, in der Beschäftigung mit ästhetischen Werten. Allerdings ist hier auch eine unterschiedliche Beurteilung vonnöten, während bei einer Reihe dieser Personen die ästhetischen Bedürfnisse als echtes Anliegen überzeugen, werden sie bei anderen als bloßes Etikett einer undifferenzierten und unkritischen ästhetischen Schwärmerei aufgeklebt.

Ein dritter Weg schließlich ist die bei erhöhter Krankheitsbereitschaft immer mögliche Flucht in die Krankheit, die eine radikale Abwendung von den nicht zu bewältigenden Lebensaufgaben gestattet (Sannwald 1961/62, S. 41 ff).

3.2. Das Konzept von Rotter bezüglich Abhängigkeit und Selbstbestimmung

Der amerikanische Psychologe Rotter (1975) hat im Rahmen der sozialen Lerntheorie besonders auf die Art der Kontrollüberzeugungen des Einzelmenschen verwiesen, die einen ganz wesentlichen Gesichtspunkt generalisiserter Erwartungshaltungen gegenüber dem eigenen Handeln und der Interpretation der subjektiven Lebenswirklichkeit darstellen.

Er unterscheidet externale Kontrollüberzeugungen, wenn eine Person Ereignisse, die eigenen Handlungen folgen, als nicht zusammenhängend mit dem gezeigten Verhalten wahrnimmt, sondern sie als Ergebnis von Glück, Pech, Zufall, Schicksal bezeichnet.

Im Gegensatz dazu stehen internale Kontrollüberzeugungen. Der Ort der Kontrolle liegt im eigenen Ich, die Person bezieht Ereignisse, die dem eigenen Handeln folgen, auf *ihr* Verhalten und ist bereit, Verantwortung dafür zu übernehmen.

Beziehen wir das auf die Befunde der Okkultgläubigkeit, dann wird deutlich, daß hier keine internale Kontrolle und Verantwortung übernommen wird, sondern eine externale Zuschreibung. Entweder ist diese Hinausverlagerung bedingt durch ein Gefühl der Machtlosigkeit, weil man sozial von anderen, mächtigeren Personen abhängig ist, oder durch Fatalismus, nämlich, daß man selbst nichts ausrichten könne, weil die Welt und das eigene Leben unstrukturiert und ungeordnet sei und die Ereignisse in der subjektiven Biographie von Schicksal, Glück, Pech und Zufall abhängen. Die Einstellung ist weitgehend situationsunabhängig und steht zu anderen Befunden der Persönlichkeitsforschung in einer engen Beziehung.

So etwa mit dem Begriff der Verweigerung von Selbstverantwortlichkeit (Schneewind & Pfeiffer, 1978), der »Fremdbestimmung« (Fend, 1971). Im engen Zusammenhang mit den externalen Kontrollüberzeugungen stehen auch die subjektiven Konzepte von »Machtlosigkeit«, »Entfremdung«, der Hilflosigkeit und Hoffnungslosigkeit (Minton 1967, Seemann, 1959, Seligmann, 1975, Stoland, 1969). Man sieht, wie in diesem Netz von Verknüpfungen die Okkultgläubigkeit verwurzelt ist und welche Menschen dafür prädisponiert sind.

Für den Seelsorger ergeben sich hier erste wichtige Einsichten: Die externale Attribuierung der Okkultgläubigkeit hat sehr wenig zu tun mit der Grundüberzeugung eines Christen, daß er »sein Leben in Gottes Hand gelegt hat«. Die Selbstverantwortung wird abgeschoben. Man fühlt sich machtlos, hilflos, hoffnungslos und im Hinblick auf andere Menschen entfremdet. Das, was das Leben bestimmt, sind Glücks- und Pechsträhnen – deshalb will man möglichst viel über Gegenwart und Zukunft wissen mit Hilfe okkulter Praktiken. Es handelt sich also um eine verallgemeinernde, situationsunabhängige Erwartungshaltung, die schwer korrigierbar ist, weil sie in einem lebenslangen sozialen Lernprozeß immer mehr verfestigt wurde. Vor Illusionen im seelsorgerlichen Umgang mit Okkultgläubigen sei deshalb gewarnt.

4. *Abhängigkeit von Okkultinterpretationen – im Vergleich zu wissenschaftlichen Erkenntnissen*

Aus den vorangegangenen Überlegungen und aus weiteren Forschungen aus dem Bereich der Persönlichkeitspsychologie, der Sozialpsychologie und der klinischen Psychologie sind einige Bemerkungen zur Abhängigkeit von Okkulten und von Okkultinterpretationen notwendig. Ich versuche sie kurz zusammenzufassen.

a) Bei der »Okkultgläubigkeit« muß man unterscheiden, ob es sich um eine vorübergehende Phase der Entwicklung handelt, oder ob die Kontrollüberzeugungen schon derart verfestigt sind, daß sie kaum noch korrigierbar erscheinen. Dasselbe gilt übrigens auch für die »Antiokkultgläubigkeit«, die den ganzen Bereich des Okkulten als Hirngespinste abtut und die daraus entstehenden Fragen unter den Teppich kehrt.

b) Bei der einen wie bei der anderen Gruppe, den »Okkultgläubigen« und den »Antiokkultgläubigen« ist das zu berücksichtigen, was wir in der Sozialpsychologie als Theorie der sozialen Wahrnehmung seit vierzig Jahren kennen. Bei der Wahrnehmung für uns wichtiger Sachverhalte spielt unsere Motivation, unsere Vorannahme (Hypothesis) eine entscheidende Rolle. Wir wählen das aus, was in unser Konzept paßt, nehmen Entgegengesetztes gar nicht wahr, organisieren und gestalten im Wahrnehmungsprozeß die Dinge nach entweder überdauernden Schablonen oder momentan auftretenden starken Bedürfnissen. Mit einem Wort:

Unsere Wahrnehmung wird aus uns selbst, von unserem Motivationssystem gesteuert.

c) So wie wir wahrnehmen und interpretieren, verhalten wir uns auch. So kann es zu einem rigiden Dogmatismus kommen, bei dem man aus dem jeweiligen Wahrnehmungs- und Handlungsvollzug nur das aufnimmt und verarbeitet, was der Verstärkung der eigenen Einstellung dient.

4.1. Hellseher als Sicherung bei Partnerschafts- und Berufsproblemen

Ich möchte hier ganz konkret werden. Stellen wir uns vor, ein Mann oder eine Frau sucht den Hellseher auf, um eine sogenannte Lebensberatung zu erfahren. Angesprochen sind Partnerschafts- und Berufsprobleme. Der Klient sitzt dem Hellseher gegenüber, der Hellseher sieht seinen Klienten, er weiß, daß ihm schon in den allermeisten Fällen nicht nur eine Kompetenzfunktion vorab zugesprochen wurde, sondern auch mit welcher Erwartungshaltung der Klient dem Gespräch entgegenfiebert. Wem diese Rollenverteilung bekannt ist, der kann natürlich aus dem verbalen und vor allem nonverbalen Verhalten, das kaum unserer bewußten Kontrolle unterliegt, mit einiger Menschenkenntnis recht schnell treffende Schlüsse ziehen, ohne Psi bemühen zu müssen.

Wenn derselbe Klient aber einem Seelsorger oder mir gegenübersitzen würde, dann wird uns eine jeweils verschiedene Rolle von ihm zugewiesen, er wird sein

Problem anders artikulieren, und wir müssen damit rechnen, daß wir an ihm vorbeireden, weil wir uns nicht anmaßen, etwas über seine Zukunft sagen zu können. Der okkultgläubige Klient, der keine Eigenverantwortung übernehmen kann, möchte ja durch einen Blick in die ihm unverständliche Gegenwart und die unbekannte Zukunft mit Hilfe hellseherischen Wissens sein Geschick zum besten lenken, Glückssträhnen nützen und Pechsträhnen vermeiden, im Einklang mit den guten Mächten stehen und böse überlisten.

4.2. Die Sterne bestimmen unser Schicksal (Astrologie)

Die Astrologie geht von der Annahme aus, daß es eine verborgene Entsprechung zwischen den vom Menschen wahrgenommenen Gestirnsbewegungen und seinen irdischen Daseinsgeschicken gibt, die es erlaubt, mit Hilfe eines regelhaften Deutungssystems personale Grundausprägungen und künftige Ereignistendenzen zu sehen und darüber Aussagen zu machen.

Faßt man die Meinungsumfragen zwischen den 50er Jahren und den 80er Jahren zusammen, so ergeben sich keine wesentlichen Verschiebungen:

- 58 % der Befragten lesen regelmäßig oder gelegentlich ihr Horoskop in der Zeitung;
- 45 % halten den Einfluß der Sterne auf das menschliche Leben für möglich, ein Drittel davon für tatsächlich gegeben;

- 22 % glauben, daß man aus dem Stand der Sterne zukünftige Ereignisse ablesen kann;
- 7 % ließen sich schon ein persönliches Horoskop stellen.

Man kann also davon ausgehen, daß gegenwärtig knapp die Hälfte unserer Bevölkerung die astrologische Grundannahme von der Entsprechung Gestirnskonstellation-Lebensschicksal teilt, während die andere Hälfte diese Annahme ablehnt. Die Zahl der Unentschiedenen ist sehr gering.

Hier möchte ich drei Ansätze unterscheiden:

1. Die Zeitungshoroskope, die eine Vulgärastrologie präsentieren;

2. die traditionelle Astrologie, die von der Deutung des Geburtshoroskopes ausgeht;

3. der kosmobiologische Ansatz von Gauquelin.

1. Die *Zeitungshoroskope* wurden erstmals von Theodor Adorno in den USA nach dem Zweiten Weltkrieg untersucht. Seine Veröffentlichung »The Stars Down to Earth« ist in deutscher Übersetzung unter dem Titel »Aberglaube aus zweiter Hand« (1959) bekannt. Wenn wir selbst einmal derartige Kolumnen durchblättern und über einen längeren Zeitraum verfolgen, werden uns folgende Grundtendenzen auffallen:

- Sie gehen davon aus, daß Ereignisse, die auf den Menschen zukommen, nahezu unausweichlich sind.
- Gleichzeitig wird in hedonistischer Weise ein plattes, vordergründiges Glücksverlangen mit stereotyp wiederkehrenden Glücks- und Unglücksprognosen für

Liebe, Erfolg, Geld, Gesundheit angesprochen und nahegelegt, wie man Glückssträhnen erreichen, Unglückssträhnen verhindern kann. Genau dies aber zielt ab auf die Mentalität des Okkultgläubigen, liefert Rezepte für eigenes Verhalten.

- Die Aussagen sind allerdings derart vage formuliert, daß sie einer subjektiven Interpretation bedürfen, um Lebens-Gefühl und Handlungsgefüge individuell abzustimmen.
- So entstehen sich selbst erfüllende Prophezeiungen, denen besonders ichschwache Menschen zum Opfer fallen.
- Aus der Häufigkeit der Horoskopkolumnen in unseren Zeitungen wird deutlich, daß hier bedenkenlos eine Vulgärastrologie kommerzialisiert wird, die mit den beiden Polen Angst und Glücksverlangen manipuliert und eine Pseudostabilität bei den Lesern herbeiführen kann. Es wird vorgegaukelt, man könne auf diese Weise mit der suggerierten List der Zeitungshoroskope Glück erhaschen, Pechsträhnen umgehen. Es geht um ein Bündnis mit guten Mächten und ein Austricksen der bösen Mächte.

2. *Die traditionelle Astrologie* distanziert sich zunächst von der Mentalität von Horoskopschreibern in Zeitungsspalten. Die Astrologen erstellen ein individuelles Horoskop z. Zt. der Geburtsstunde, bei dem der Stand der Tierkreiszeichen, der sogenannten Häuser und der Planeten in den Häusern eingetragen wird. Weitere wichtige Markierungspunkte sind der Aszendent, der Teil des Tierkreises, der bei der Geburt aufging und ihm

gegenüber im Winkel von 180 Grad, der Deszendent, bei dem sie unterging, sowie die Himmelsmitte oder medium coeli, m.c. genannt, der Teil des Tierkreiszeichens, der bei der Geburt kulminierte.

Aufgrund dieser astrologischen Berechnungen glaubt man, Aussagen machen zu können über das überdauernde Charaktergefüge eines Menschen. In der Sprache der modernen Psychologie ausgedrückt: Aussagen über Charaktertraits, die den Menschen von Beginn bis zum Tode begleiten. Davon abweichend sind Aussagen, die, basierend auf dem Horoskop eines Individiuums, zu einem bestimmten Zeitpunkt die gestirnsmäßigen States, die Zuständlichkeiten erfassen, beschreiben und deuten wollen. Diese können sich in die Vergangenheit richten, aber – was viel mehr gefragt ist – auch in die Zukunft, zur »Lebensberatung« in wichtigen Situationen. Die letztgenannte Intention der Astrologen, aufgrund des Gestirnsstandes individuelle Prognosen zu liefern, halte ich für äußerst gefährlich infolge eines Erfüllungszwanges und der daraus resultierenden unabsehbaren Konsequenzen.

Konzentrieren wir uns auf das Geburtshoroskop, das überdauernde Dispositionen in der menschlichen Persönlichkeit aufdecken soll. Es gibt eine Reihe von Untersuchungen, die uns im Urteil weiterhelfen können. Pawlik & Buse (1981) haben bei einer Stichprobe von 1000 Versuchspersonen herausgefunden, daß Menschen, die an die Astrologie glauben und die Bedeutung ihres Tierkreiszeichens kennen, sich selbst so beschreiben, wie es der Deutung dieses Tierkreiszeichens entspricht. Bei den astrologieungläubigen oder unwissenden Menschen zeigte sich kein Zusammenhang zwischen Tierkreiszeichen und Selbstattribuierung. Zu ähnlichen Resultaten kam auch Eysenck (1981) und in einer noch nicht veröffentlichten Freiburger Untersuchung, einer meiner Doktoranden, P. Niehenke. Demnach scheint die traditionelle Astrologie ein sich selbst referierendes System zu sein, innerhalb dessen Gläubigkeit und Kenntnis die Selbstattribuierung der eigenen Person bestimmen. Kein Wunder, wenn dann oft astrologische Gutachten als so treffend bezüglich der eigenen Person erlebt werden.

3. Ein bislang unaufgeklärtes Problem hat der Franzose *Gauquelin* (1983) mit seinem *kosmobiologischen Ansatz* aufgegeben. In jahrzehntelanger Arbeit untersuchten Gauquelin und seine Ehefrau Zusammenhänge zwischen bestimmten Berufen und Planetenkonstellationen. Aus der Vielfalt des Materials kann ich nur an zwei Beispielen die statistisch hochsignifikanten Resultate veranschaulichen: Erfolgreiche Sportler zeigen im Horoskop bei ihrer Geburt eine besondere Häufigkeit nach dem Aufgang und nach der Kulmination des Planeten Mars; Wissenschaftler unterscheiden sich signifikant von Künstlern bezüglich der Konstellation des Planeten Saturn bei der Geburt.

Gauquelins Befunde haben nichts mit der traditionellen Astrologie zu tun. Sie wurden soeben in einer Replikationsuntersuchung von Ertel (Psychologisches Institut Göttingen) weiter untersucht, und es sieht so aus, als ob wir hier auf eine Anomalie in unserem Wissensgefüge gestoßen sind, das z. Zt. noch nicht hinreichend interpretiert werden kann. Das, was heute noch okkult anmutet, wird morgen vielleicht schon dechiffriert sein.

4.3. Botschaften »aus dem Jenseits« (Spiritismus)

Der Spiritismus ist eine Weltanschauung. Er bezieht seine Argumentationsketten aus »dem Verkehr mit Geistern«. Doch was verbirgt sich hinter diesen Techniken? Es sind psychische Automatismen, sensorischer und motorischer Art, wie die Zusammenstellung zeigt.

Die wichtigsten psychischen Mechanismen, die diesen unbewußten Muskelbewegungen zugrunde liegen, wurden bereits vor der Jahrhundertwende zureichend beschrieben, aber nicht entsprechend rezipiert. Gerade die heute immer wieder zu beobachtende Epidemie des automatischen Schreibens und Buchstabierens ist derart gründlich untersucht worden (siehe Literaturverzeichnis), daß nur eine grobe Unkenntnis fasziniert vor den Wirkweisen und Produktionen steht.

Was geschieht da? Beim automatischen Schreiben etwa ebenso wie beim Glasrücken entsteht zunächst Sinnloses, mit fortschreitender Tätigkeit kommt dann Banales zutage, schließlich melden sich Entitäten, Personifikationen unbewußter Komplexbildungen. Die Zahl der »Geister« nimmt zu, möglicherweise werden paranormale Informationen geäußert, und gerade dies nimmt man zum Anlaß für die Echtheit aus dem Jenseits.

Anita Mühl hat in ihrem Buch »Automatic writing« eine schematische Darstellung unterschiedlicher Bewußtseinsintensitäten aufgezeigt.

Die Schicht des persönlichen aktiv Unbewußten wird mit Hilfe von psychischen Automatismen aktiviert. Diese Schicht enthält sowohl konstruktiv Kreatives als auch Destruktives, wie z.B. aus der Untersuchung der amerikanischen Hausfrau Mrs. Curran hervorgeht (vgl. Cory, 1919), deren im automatischen Schreiben hervortretendes zweites Ich, Patience Worth, von den Kritikern hochgelobte Romane schrieb, die weit über das Wissen und den Kenntnisstand dieser amerikanischen Hausfrau hinausgingen. Im Gegensatz dazu zeigen die Selbstversuche von Ludwig Staudenmaier (1912, 1965), wie sich während des automatischen Schreibens psychische Komplexe verselbständigen, optische, akustische und olfaktorische Halluzinationen auftraten, die nicht mehr reversibel waren. Die große Gefahr bei exzessivem Gebrauch psychischer Automatismen besteht darin, daß die Betroffenen in eine sogenannte *mediumistische Psychose* hineingeraten. Ist die Persönlichkeitsintegration intakt, so klingen die psychotischen Symptome beim Einstellen dieser Praktiken ab, die Persönlichkeit kann sich regenerieren. Handelt es sich jedoch um eine bereits vorgeschädigte Persönlichkeit, wie dies wahrscheinlich bei Ludwig Staudenmaier der Fall war, dann werden die Betreffenden die Geister, die sie einmal riefen, nicht mehr los.

4.4. Unsere Zukunft liegt bei den »Außerirdischen« (Ufos)

Wenn man sich schon in den Garten der Ufogläubigkeit begibt, muß man zwei Dinge voneinander unterscheiden: Ufo heißt ja »Unidentified flying object«. Das ist eine wissenschaftlich durchaus legitime Fragestellung, wie sie kürzlich durch die Beobachtungen am Mondsee in Österreich wieder aufgewärmt wurde. Davon zu trennen ist aber jenes Kaleidoskop der Heilserwartungen in unserer technisierten Welt, wo von Botschaften der Planetarier oder sogar von direkten Begegnungen mit diesen außerirdischen Wesen die Rede ist. Hier haben wir es nicht mit einer objektiven Realität zu tun, sondern mit einer subjektiven psychischen Wirklichkeit, deren Erlebnisstruktur und dominante Motive eine auffallende Ähnlichkeit haben mit Berichten von Mystikern.

So etwa:

- Das Motiv der starken emotionalen Ergriffenheit bei der Begegnung mit Planetariern, die eine ungeheure Welle von Sympathie, Liebe, Freude auslöst;
- das Motiv der Führerpersönlichkeit, die, überlegen und souverän, Ratschläge gibt;
- das Motiv der »Seelenreise«, die im »Raumschiff« vor sich geht.

Hier wird in den Kategorien einer technisierten Welt ein altes Mystikerthema aufgenommen und erscheint im modernen Gewand.

Die Vorstellung der Transzendenz, die ehemals Bilder Christi, der Heiligen oder Engel wachrief, ist durch eine »planetarische« Transzendenz ersetzt worden, eine neue Form der »säkularisierten« Mystik ist zutage getreten. Ein neuer Mythos der technisierten Welt knüpft an diese »planetarische« Transzendenz seiner Heilserwartungen in individueller und kollektiver Bedrängnis.

4.5. Der »Teufel zum Anfassen« (Besessenheitsproblematik)

Die Auffassung, daß ein Mensch von Dämonen oder vom Teufel besessen sein könne, ist so alt wie die Menschheit. Das äußere Erscheinungsbild wurde von Justinus Kerner (1834) so beschrieben:

1. Das gesamte Ausdrucksverhalten einer menschlichen Person verändert sich, es hebt sich deutlich ab gegenüber dem Ausdrucksverhalten der »Normalpersönlichkeit«.
2. Die Stimme der »Normalpersönlichkeit« verändert sich sowohl formal (Tonhöhe, Rhythmus, Melos) als auch bezüglich der geäußerten Inhalte, die meist aggressiv bisherige Wertnormen der Persönlichkeit attackieren.
3. Es tritt ein neues »Ich« auf, das neben dem Normal-Ich eine Art Eigenleben führt und gleichsam ein Gegenbild von diesem darstellt.

Genau dieser plötzliche Persönlichkeitswechsel und das Auftreten multipler Persönlichkeiten, aus denen »fremde« Stimmen sprechen, sich im Gegensatz zu sonst herrschenden Wertnormen setzen, hat Ärzte und Psychologen schon seit mehr als 175 Jahren beschäftigt.

Es gibt derzeit mehr als 500 wissenschaftliche Veröffentlichungen zum Thema multiple Persönlichkeiten, und in den Jahren 1983/84 allein haben vier amerikanische psychiatrische Fachzeitschriften diesem Thema nach Kongressen mehr als jeweils 200 Seiten gewidmet. Die Forschung ist im Gang, und bevor man sich auf der Ebene eines Informationsdefizits auf eine Diskussion einläßt, wie diesen Menschen zu helfen sei – denn das sollte eine befreiende Theologie im Auge haben – möchte ich die Grundgedanken vortragen, die eine Kommission der deutschen Bischofskonferenz zur Revision des Großen Exorzismus für eine generelle Regelung nach Rom geleitet hat. In ihrer Stellungnahme weist diese Kommission ausdrücklich darauf hin, daß die in den »Normen« des Großen Exorzismus dargelegten Kriterien für eine »dämonische Besessenheit« aus theologischen und human-wissenschaftlich-medizinischen Gründen nicht mehr aufrecht erhalten werden können und auch keine analoge Neuformulierung gestatten.

In theologischer Hinsicht erscheinen heute besonders die anthropomorphen Züge des Dämonenglaubens bedenklich.

Aus der Sicht der Humanwissenschaft sind vor allem unhaltbar Praktiken wie das Nennen von Zahl und Namen der Dämonen, der Art des Umgangs mit ihnen, der Gespräche (Spiele von Frage und Antwort) usw. Gegen derartige Praktiken muß eingewandt werden, daß sie einen Krankheitsbefund verdecken, verstärken und auf längere Zeit verfestigen können, so daß eine Heilung immer schwieriger, wenn nicht sogar aussichtslos wird.

4.6. »Gott« und seine Lichtwesen sprechen zu uns (Privatoffenbarungen)

Privatoffenbarungen haben ihr besonderes Gewicht in nahezu allen religiösen Gruppierungen, in denen sich charismatische Bewegungen finden. Ohne eine vorschnelle Bewertung vorzunehmen, möchte ich hier drei Erscheinungsformen voneinander unterscheiden:

1. Visionen mit oder ohne Dialogcharakter;
2. das sogenannte »innere Wort«, das für die Betroffenen überraschend vernommen wird;
3. Privatoffenbarungen auf dem Weg über automatisches Schreiben.

4.6.1. Visionen

Visionen sind seit Jahrhunderten bekannt und haben innerhalb des religiösen Lebens bei einzelnen Gruppierungen einen unterschiedlichen Stellenwert.

Wenn man sich in der Geschichte der Visionen umschaut, so entdeckt man etwa im 13. und im 17. Jahrhundert ein geradezu epidemisches Aufflammen, besonders in Klöstern. Es wäre ein eigenes Thema, sich unter psychologischen, vor allem psychodynamisch orientierten Gesichtspunkten mit der Entstehungsgeschichte und der Wirkweise von Visionen zu beschäftigen. Hier und heute möchte ich den Blick jedoch auf die visionären Erlebnisse im 20. Jahrhundert lenken. Gerd Schallenberg, ein Mediziner und Theologe, hat dazu eine umfangreiche Untersuchung (1979) vorgelegt, in der er u. a. die Visionen der Therese Neumann aus Konnersreuth, die Erlebnisse der Mariette Beco aus Banneux ebenso analysiert wie die Privatoffenbarungen der Maria Simma aus Sonntag in Österreich, der Bärbel Rueß in Marienfeld und vor allem die Vorgänge in Heroldsbach, die Anfang der 50er Jahre sich in unterschiedlichen Phasen entwickelten, ausgestalteten und von den anfänglichen Visionen der Mutter Gottes und dem Jesuskind über Engel, Heilige, Verstorbene, dem Teufel sich weiter ausbreiteten, schließlich Bibelzenen nach kindlich naiver Manier ausgestalteten und im »Himmelsgarten« landeten.

Prinzipiell: Karl Rahner sieht den Erweis (nicht Beweis) der Übernatürlichkeit einer bestimmten Vision solange als nicht erbracht, als »nach einer auch nur vernünftigen wahrscheinlichen, wenn auch in sich hypothetischen allgemeinen Theorie der Visionen eine bestimmte Erscheinung »natürlich« erklärt werden kann.[5)]

Mir liegt es daran, den Blick auf die Plastizität von Visionen zu lenken und auf die psychodynamischen und soziodynamischen Faktoren, die in der Zeitachse eine Rolle spielen. Am Anfang waren die Visionen der Kinder von Heroldsbach noch geradezu klassisch, orientiert an den Berichtmustern von Lourdes und Fatima, später machte sich die mythenschaffende Funktion des Unbewußten bemerkbar, und eine kindlich religiöse Eigendynamik wurde in Gang gesetzt, unterstützt von einer ausgelösten Massenbewegung, die einen Zugzwang mit sich brachte.

4.6.2. Die Offenbarung durch das innere Wort

Dieser Begriff ist von den Betroffenen selbst geprägt worden. Jakob Lorber (1800–1864) beschreibt das so:

> »Er hatte am 15. März 1840 um 6 Uhr morgens gerade sein Morgengebet verrichtet und war im Begriff, sein Bett zu verlassen, da hörte er links in seiner Brust an der Stelle seines Herzens deutlich eine Stimme ertönen, welche ihm zurief: Steh auf, nimm deinen Griffel und schreibe. Er gehorchte diesem geheimnisvollen Ruf sogleich, nahm die Feder zur Hand und schrieb das ihm innerlich Vorgesagte Wort für Wort nieder«.[6)]

Eine ähnliche Erfahrung hatte bereits Swedenborg (1688–1772) gemacht mit dem Bedeutungsbewußtsein, Weiterführungen und Komplettierungen der biblischen Offenbarung an seine Mitmenschen weitergeben zu müssen.

In unseren Tagen beschäftigt uns das Heimholungswerk der Gabriele Wittek und die von ihr ausgehende neue Offenbarungsbewegung. F. W. Haack hat in seiner jüngst erschienenen Untersuchung (1986) gründlich recherchiert und die Zusammenhänge dargestellt. Dabei wird deutlich, wie aus der zensierten Selbstdarstellung der G. Wittek eine Frustration gegenüber der Verkündungspraxis der katholischen Kirche und einer immer stärkeren Zuwendung zum Okkulten erfolgte und 1977 der Austritt aus der römisch-katholischen

Kirche. Die erste Phase dieser Privatoffenbarungen präsentiert sich im Frühjahr 1980 im Gewand des UFO-Spiritismus: Das Jenseitige wurde in ein Diesseitig Außerirdisches verlagert, und dann kommen unter dem Planetarier Mariadi, der sich bei ihr meldet mit dem Konzept: »Wir wollen die Erde retten« eine Reihe von teils trivialen, teils absurden Ratschlägen. Diese erste Phase wird jedoch heute aus den biographischen Mitteilungen der Gabriele Wittek im Schrifttum verdrängt und daraus in der Folgezeit eine »Gottesprophetin«, die das Rettungswerk für die Menschheit als Hilfstruppe für »Gott und seinen Sohn« propagiert.[7)] Mit seiner Untersuchung hat Haack eine vorwiegend theologisch und historisch orientierte Analyse vorgelegt, aber ebenso interessant ist die psycho- und soziodynamische Komponente dieser Entstehungsgeschichte, die erst dem Ganzen ihren psychologisch verständlichen Sinn gibt.

4.6.3. Privatoffenbarungen auf dem Weg über automatisches Schreiben

Anfangs 1969 fand vor dem Schwurgericht in Zürich der Prozeß gegen die »heiligen Eltern des heiligen Werkes« und mehrere Gläubigen statt, die angeklagt waren, die 17jährige Bernadette Hassler durch Stockschläge zu Tode geprügelt zu haben. Zu diesem Kreis gehörte auch Olga Endriss, Schwester der Borromäerinnen mit dem Namen Stella. Diese Schwester Stella hat seit ihrem 25. Lebensjahr dann und wann die Stimmen des Heilands vernommen. Sie betonte wiederholt, es sei dies kein

Hören mit den äußeren Ohren, sondern ein rein geistiges Hören in der Innerlichkeit. Meist gleichzeitig hat sie den Heiland auch gesehen, und zwar als verklärte Gestalt in einem Lichtglanz. Auch hier, so hebt sie hervor, sei es nicht ein Sehen in der äußeren Welt, sondern nur in ihrem Innern. Sie führte darüber Tagebuch, und in ihren Aufzeichnungen spricht der Heiland in direkter Rede, weshalb sie nach ihrer Veröffentlichung den Namen »Heilandsbriefe« erhalten habe. Sie selbst sagte aus, daß beim Schreiben ihre Hand geführt wurde und ihr Bewußtsein ausgeschaltet sei, so daß sie selbst gar nicht recht verstehe, was sie niederschreibe. Es handelt sich, wie der Gutachter im Prozeß, Professor Binder, betont, um das bekannte Phänomen des automatischen Schreibens.

Schwester Stellas »Heilandsbotschaften« waren zunächst an Klosterfrauen gerichtet, nachher auch an die Ordensbrüder und gaben Aufschluß über allgemeine Fragen des religiösen Lebens. Die Botschaften handelten stets nur von geistigen, niemals von materiellen Dingen. Sie wurden teilweise in katholischen Kreisen zu Bestsellern und sind in verschiedene Sprachen übersetzt worden.

Nach der Begegnung von Schwester Stella mit der religiös fanatischen Magdalena Kohler und dem ehemaligen Pater Josef Stocker veränderten sich die Botschaften, es finden sich mehrfach Formulierungen, die Magdalena Kohler als »einzigartig Begnadete« preisen, deren »Seele von übernatürlicher Schönheit sei« und die der Heiland »mit reinster Liebe an sein heiligstes

Herz gefesselt habe«. Er, der Heiland habe gewaltige Pläne mit ihr vor, vor allem, daß ihr Leben ein einziger Gnadenweg sein werde.

Allein in den Jahren 1956/57 hat Stella etwa 18000 Seiten solcher Botschaften geschrieben; sie wurden von ihren geistlichen Vorgesetzten für echt gehalten. Diese kirchlichen Stellen haben eben nicht, wie Karl Rahner es forderte, eine psychologische oder psychopathologische Erklärung in Erwägung gezogen, sondern die religiöse Deutung als alleiniges Kriterium für richtig gehalten.

Auf diese Weise hat sich bei Schwester Stella der Eindruck, daß es sich um echte Heilsbotschaften handelte, bereits so stark gefestigt, daß es für diese religiöse Gruppierung überhaupt keinen Zweifel mehr gab, als daß der »rächende Gott« aus ihr sprach, die Erde werde für alle Ewigkeit in einen dröhnenden Abgrund gestürzt, Mitteleuropa werde durch Russen und Mongolen besetzt. Wasserfluten überspülten das Land, Leichengestank verpeste die Luft, Totenberge würden entstehen, Kindern würden die Hälse durchgeschnitten, Menschen die Beine abgesägt und die Geschlechtsteile abgebrochen, die Zentrale des heiligen Werkes hingegen werde sein wie eine Arche Noah.

Im Gegensatz dazu äußerte sich der »Heiland« auf dem Weg über Schwester Stellas automatisches Schreiben sehr präzis: Wieviele und welche Art von Vorräten angelegt werden müßten, wobei auch die Sorte der Soßenwürfel (Maggi oder Knorr?) diskutiert wurde.

Aus diesem sehr stark gerafften Überblick ist ersichtlich, wie sich im Gefüge der Gruppendynamik dieser religiösen Sekte die »Heilandsbotschaften« immer mehr verändern, degenerieren und zum Kristallisationspunkt für wichtige Weichenstellungen innerhalb einer derartigen religiösen Subkultur werden können.

Aus den genannten Beispielen zum Thema Privatoffenbarungen dürfte deutlich geworden sein, wie wichtig der humanwissenschaftliche Beitrag für die Beurteilung derartiger Phänomene ist. Des weiteren: Das sogenannte innere Wort, das automatische Schreiben, die wiederholt auftretenden Visionen stehen in ihrer Plastizität in einem inneren konsistenten Zusammenhang mit der menschlichen Persönlichkeit. Ohne klinisch-psychologische oder psychopathologische Kenntnisse sollte man äußerst vorsichtig sein mit irgendwelchen Verlautbarungen kirchlicherseits. Und nicht zuletzt: Botschaften, die sogenannten Privatoffenbarungen ähneln, finden ein offenes Ohr in unterschiedlichen Kreisen – nicht nur innerhalb der katholischen Kirche. Dies ist kein Verdammungsurteil, sondern eine Mahnung zur Vorsicht, nüchtern und wachsam zu sein, denn es geht schließlich um die Glaubwürdigkeit von zentralen Glaubensinhalten, die, isoliert, überakzentuiert eine schleichende Perversion erfahren können.

5. Seelsorgliches Handeln im Umgang mit dem Okkulten

Wie kann der Seelsorger bei Okkultabhängigkeit helfen? Die erste Hilfe besteht darin, daß man versucht, zu einer klaren Diagnose zu kommen. Das kann der Seelsorger allein nicht, weil er nicht dazu ausgebildet wurde, es bedarf dabei einer interdisziplinären Zusammenarbeit. Sehr oft versteckt sich hinter einer Okkultmystifikation eine psychische Störung, und da heißt es zunächst einmal offen sein in der Begegnung, aber distanzierend in der Bewertung.

Es handelt sich oft um fehlangepaßte Persönlichkeitsstrukturen, die ihre eigene Ichschwäche und die fehlende Möglichkeit zur Übernahme von Verantwortung mit der Hilfe eines Sicherungsbedürfnisses kompensieren wollen, das in der Anwendung magischer Praktiken besteht. Sie wollen und können auch zumeist sich nicht in die Arme eines liebenden Gottes fallen lassen, weil sie im Grunde weder sich selbst noch anderen trauen und deshalb auch nicht vertrauen und glauben können. Da scheint mir die Wurzel des Übels zu liegen.

Bisher hatte ich Einzelfälle vor Augen. Sobald sich aber quasireligiöse Subkulturen gebildet haben, wie etwa beim Heimholungswerk, dann finden sich völlig andere Konstellationen vor. Die Gruppe ersetzt das eigene Ich, stellt ein Rückgrat dar, fordert zwar bedingungslose Unterwerfung unter den gnostischen Anspruch, und der einzelne ist dem persönlichen Gespräch kaum zugänglich, wie aus der Auseinandersetzung mit Jugendsekten hinlänglich bekannt ist.

Eine letzte Bemerkung zu den epidemisch grassierenden automatischen Schreiben oder Buchstabieren mit Hilfe des Glasrückens. Dahinter steht ein spiritistisches Konzept. Wir Christen glauben und hoffen auf ein Leben nach dem leiblichen Tod. Aber nicht so, wie uns der Spiritismus das weismachen will. In diesem Zusammenhang hat Karl Rahner einmal den Satz geprägt: »Die Toten schweigen. Und ihr Schweigen ist ihr lautester Ruf, weil es ein Abbild des Schweigens Gottes ist.«

Anmerkungen

1) Dem vorliegenden Text liegt ein in Köln im Rahmen der Arbeits-und Informationstagung »Okkultismus und Reinkarnation« am 30.6.1986 gehaltenes Referat zugrunde, das durch die Hauptabteilung Seelsorge im Erzbischöflichen Generalvikariat Köln veröffentlicht wird; die vorliegende Fassung wurde aus redaktionellen Gründen gekürzt.
2) Kiesewetter, Geschichte des neueren Okkultismus.
3) Perry, Psychic studies 201.
4) Werbeprospekt des Lehrplanes Parapsychologie des Instituts für Parapsychologie und Grenzwissenschaften e.V. Pfarrkirchen.
5) Rahner, Visionen und Prophezeiungen.
6) K.G. Ritter von Leibner, 1931, 14.
7) Haack, Das Heimholungswerk der Gabriele Wittek, 179.

AUSGEWÄHLTE LITERATUR

Die okkulte Welt – ein Produkt unserer Zeit

JANET P., L'automatisme psychologique, Paris, [8]1919
MOSER F., Okkultismus – Täuschungen und Tatsachen, München 1935 (Reprint 1974)
ELLENBERGER H. F., Die Entdeckung des Unbewußten. Band I, Stuttgart 1973
WEIS Ch., Begnadet, besessen – oder was sonst? Salzburg 1986

Okkultismus – ein Babylon der Sprachverwirrung

KIESEWETTER C., Geschichte des neueren Okkultismus, Leipzig 1909
TISCHNER R., Einführung in den Okkultismus und Spiritismus, München 1921
TRUZZI M., Definition and Dimensions of the occult: towards a sociological perspective, in: Journal of popular culture [5](1971) 635-646
WEBB J., The occult underground, La Salle, Illinois 1974
PERRY M., Psychic studies – a christian's view, Wellingborough, 1984
HEANNEY J. J., The sacred and the psychic – Parapsychology and christian theology, New York 1984

Parapsychologie

WOLMAN B. B. (ed.), Handbook of Parapsychology, New York, 1977
CONDRAU G. (Hg.), Die Psychologie des 20. Jahrhunderts. Band XV. München, 1979 (Lizenzausgabe unter dem Titel: Psychologie der Kultur. Band 2: Imagination, Kunst, Kreatitivät, Basel/Weinheim, 1982)
BELOFF J. (Hg.), Neue Wege der Parapsychologie, Olten/Freiburg i. Br. 1980
BAUER E. & Lucadou, W.v. (Hg.), Psi – was verbirgt sich dahinter? Freiburg/ Br. 1984

BENDER H., Umgang mit dem Okkulten, Freiburg/Br. 1984
BENDER H., Verborgene Wirklichkeit, München 1985

Empirische Beiträge zum Psychogramm des »Okkultgläubigen«

SANNWALD G., Beziehungen zwischen parapsychischen Erlebnissen und Persönlichkeitsmerkmalen, in: Zeitschrift für Parapsychologie 5, (1961/62) 81-119
ROTTER J. B., Generalized expectancies for internal versus external control of reinforcement, in: Psychological Monographs 80 (1966)
ROTTER J. B., Some problems and misconceptions related to the construct of internal versus external control of reinforcement, in: Journal of Consulting and Clinical Psychology 43 (1975) 56-67

Abhängigkeiten von Okkultinterpretationen – Im Vergleich zu Wissenschaftlichen Erkenntnissen

Astrologie

PAWLIK K. – BUSE L., Selbst-Attribuierung als differentiell-psychologische Moderatorvariable: Nachprüfung und Erklärung von H. J. Eysencks Astrologie-Persönlichkeits-Korrelationen, in: Zeitschrift für Parapsychologie und Grenzgebiete der Psychologie, 23 (1981) 65-88
GAUQUELIN M., The Truth about Astrology. London, 1983 (deutsche Übersetzung in Vorbereitung)
EYSENCK H. J. – NIAS, D., Astrologie – Wissenschaft oder Aberglaube? München 1984
CARLSON S., A double-blind test of astrology, in: Nature 318 (1985) 419-425

Spiritismus und psychische Automatismen

CHEVREUL M. E., De la baguette divinatoire du pendule dit explorateur et des tables tournantes, Paris 1854
BENDER H., Psychische Automatismen, Leipzig 1936

HILGARD E. R., Divided Consciousness: Multiple Controls in Human Thought and Action, New York 1977

Kristallsehen

BESTERMAN T., Crystal-Gazing, London 1924

BENDER H., Zur Geschichte des »Kristallsehens« und seiner Verwendung im Laboratorium, in: Neue Wissenschaft 13 (1965) 25-44

Automatisches Schreiben

MYERS F. W. H., Automatic Writing I-III, in: Proceedings of the Society for Psychical Research. Part I: vo. 2, 217 ff.; part II: vol. 3, 1-63; part III: vol. 4, 219-261. 1884-1887

STAUDENMAIER L., Die Magie als experimentelle Naturwissenschaft, Leipzig 1912 (Nachdruck: Darmstadt 1965)

CORY C. E., Patience Worth, in: Psychological Review 26 (1919) 397-407

PRINCE M., An Experimental Study of the Mechanism of Hallucinations, in: British Journal of Psychology – Medical Section 2 (1922)

PRINCE M., Automatic Writing Combined with Crystal-Gazing, in: Journal of Abnormal and Social Psychology 20 (1925) 34-42

MÜHL A., Automatic Writing, Dresden/Leipzig 1930

MÜHL A., Automatic Writing, Dresden/Leipzig 1930

BENDER H., Mediumistische Psychosen, in: Zeitschrift für Parapsychologie und Grenzgebiete der Psychologie 2 (1958/59, 173-201

OWEN J. M. & SPARROW M., Eine Gruppe erzeugt Philip, Freiburg/Br. 1979

Ufologie

JUNG C. G., Ein moderner Mythos – Von Dingen, die am Himmel gesehen werden, Zürich/Stuttgart 1958

MISCHO J., Kaleidoskop der Heilserwartungen – Zur Psychologie

der UFO-Phänomene, in: Neue Wissenschaft 9 (1960/61) 22-43
HYNEK A. J., UFO: Begegnungen der ersten, zweiten und dritten Art, München 1978
HENDRY A., The UFO Handbook, London 1980

Besessenheitsproblematik

MISCHO J., Dämonische Besessenheit – zur Psychologie irrationaler Reaktionen, in: Kasper W. & Lehmann K. (Hg.): Teufel, Dämonen, Besessenheit, zur Wirklichkeit des Bösen, Mainz ²1978, S. 99-146
MISCHO J. & NIEMANN U., Die Besessenheit der Anneliese Michel (Klingenberg) in interdisziplinärer Sicht, in: Zeitschrift für Parapsychologie und Grenzgebiete der Psychologie 25, (1983) 129-193
MISCHO J., Ein interdisziplinärer Zugang zum Thema »Dämonische Besessenheit«, in: Zeitschrift für Parapsychologie und Grenzgebiete der Psychologie 27 (1985) 130-153

Privatoffenbarungen

RAHNER K., Visionen und Prophezeiungen, Freiburg ²1958, (Quaestiones disputatae 4)
DIGGELMANN W. M., Hexenprozeß – die Teufelsaustreiber von Ringwil, Bern 1969
SCHALLENBERG G., Visionäre Erlebnisse. Erscheinungen im 20. Jahrhundert, Aschaffenburg 1979
HAACK F. W., Das Heimholungswerk der Gabriele Wittek und die Neuoffenbarungsbewegung, München: Evangelischer Presseverband 1985

Allgemeine Literatur zu »New Age«

Aus der New Age Szene

CAPRA F., Wendezeit. Bausteine für ein neues Weltbild, Bern – München – Wien [11]1986
DOSSEY L., Die Medizin von Raum und Zeit. Ein Gesundheitsmodell, Hamburg 1987
FERGUSON M., Die sanfte Verschwörung. Persönliche und gesellschaftliche Transformation im Zeitalter des Wassermanns, Basel 1982
FERGUSON M., Geist und Evolution. Die Revolution der Gehirnforschung, München 1986
GEISSLER G. (Hg.), New Age – Zeugnisse der Zeitenwende, Freiburg 1984
GOETZ R., Spirituelle Gemeinschaften. Ein Wegweiser für das Neue Zeitalter, Klingelbach 1984
GROF St., Geburt, Tod und Transzendenz. Neue Dimensionen in der Psychologie, München 1985
GROF St. (Hg.), Alte Weisheit und modernes Denken, München 1986
GRUBER E.-FASSBERG S., New Age Wörterbuch. Freiburg – Basel – Wien 1986
LEUENBERGER H.-D., Das ist Esoterik, Freiburg 1985
MARTIN B., Handbuch der spirituellen Wege, Hamburg 1985
MAYNARD E., Leben in Findhorn. Modell einer Welt von Morgen, Freiburg [2]1983
MÜLLER R., Die Neuerschaffung der Welt. Auf dem Weg zu einer globalen Spiritualität, München 1985

MYNARCK H., Oekologische Religion. Ein neues Verständnis der Natur, München 1986
MYRELL G.-Schmandt W.-Voigt J., Neues Denken, alte Geister. New Age unter der Lupe, Hamburg 1986
ROSENBERG A., Durchbruch zur Zukunft. Der Mensch im Wassermannzeitalter, Bietigheim - Bissingen [3]1979
SCHIWY G., Der Geist des neuen Zeitalters. New Age-Spiritualität und Christentum, München 1987
SCHLEIP H. (Hg.), Zurück zur Natur-Religion? Wege zur Ehrfurcht vor allem Leben, Freiburg 1986
STEINER R., Das Christentum als mystische Tatsache und die Mysterien des Altertums, Dornach 1977
TREVELYN G., Eine Vision des Wassermannzeitalters, München 1985
WALSH R. N. - Vaughan F., Psychologie in der Wende, Bern - München - Wien 1985
WILBER K., Das holographische Weltbild, Bern 1986

Kritische Literatur zur Auseinandersetzung mit der New Age Bewegung

FRIEDLI R., Zwischen Himmel und Hölle - die Reinkarnation, Freiburg/Schweiz 1986
ENOMIYA-LASSALLE H. M., Leben im neuen Bewußtsein. Ausgewählte Texte zu Fragen der Zeit, München 1986
HARTMANN K., Die Rechnung mit Gott. Gnostische Strömungen in Kirchengeschichte und Gegenwart, Stuttgart 1982
HUMMEL R., Indische Mission und neue Frömmigkeit im Westen, Stuttgart 1980
HUMMEL R., Gurus in Ost und West, Stuttgart 1984
JOHNSTON W., Spiritualität und Transformation. Erneuerung aus den Quellen östlicher und westlicher Mystik, München 1986
PESTALOZZI H. A., Die sanfte Verblödung. Gegen falsche New Age Heilslehren und ihre Überbringer, Düsseldorf 1985
RUPPERT H. J., New Age. Endzeit oder Wendezeit?, Wiesbaden 1985
SUDBRACK J., Geistliche Führung. Zur Frage nach dem Meister,

dem geistlichen Begleiter und Gottes Geist, Freiburg – Basel – Wien 1981
SUDBRACK J., Neue Religiosität. Herausforderung für die Christen, Mainz 1987
WEIS Chr., Begnadet, besessen oder was sonst? Okkultismus und christlicher Glaube, Salzburg 1986
VOSS G., Astrologie – christlich, Regensburg 1980
Die neue religiöse Welle. Pastorale Hilfen zur Auseinandersetzung mit neuen religiösen Bewegungen außerhalb der Kirchen, Hamm 1985.

In der Werkmappe »Sekten, religiöse Sondergemeinschaften, Weltanschauungen«, hg. durch das Referat für Weltanschauungsfragen der Erzdiözese Wien in Zusammenarbeit mit der Arbeitsgruppe »Neue religiöse Bewegungen in der Schweiz« der Schweizerischen Bischofskonferenz und des Schweizerischen Evangelischen Kirchenbundes und der Katholischen Sozialethischen Arbeitsstelle, Arbeitsstelle der deutschen Bischofskonferenz, Referat für Sekten und Weltanschauungsfragen sowie dem Materialdienst der Evangelischen Zentralstelle für Weltanschauungsfragen, Stuttgart, wurden verschiedene Dokumentationen zur New Age Bewegung und deren Themenbereiche (Neugnosis, Humanistische Psychologie, Okkultismus, Heilung u. a.) veröffentlicht.